风起于青蘋之末，

机会的味道，你嗅到了吗？

—— 冯仑韦瑜

藏富密码

收藏帝王之器，
打造你的金饭碗

冯玮瑜 ◎著

南方出版传媒

广东人民出版社

·广州·

图书在版编目（CIP）数据

藏富密码 / 冯玮瑜著 . − 广州：广东人民出版社，2018.2
ISBN　978 - 7 - 218 - 12395 - 0

Ⅰ . ①藏… Ⅱ . ①冯… Ⅲ . ①收藏−基本知识 Ⅳ . ① G262

中国版本图书馆 CIP 数据核字 (2017) 第 305312 号

CangFu MiMa

藏富密码

冯玮瑜　著

出 版 人：肖风华

策　　划：中资海派
执行策划：黄　河　桂　林
责任编辑：罗　丹
特约编辑：羊桓汶辛　乔明邦
封面摄影：丹姐影业
器物摄影：曹　勇
版式设计：胡小瑜
封面设计：WONDERLAND Book design
　　　　　仙德 QQ:344581934

出版发行：广东人民出版社
地　　址：广州市大沙头四马路 10 号（邮政编码：510102）
电　　话：（020）83798714（总编室）
传　　真：（020）83780199
网　　址：http://www.gdpph.com
印　　刷：深圳市彩美印刷有限公司
开　　本：787mm×1092mm　1/16
印　　张：18　字　数：221 千
版　　次：2018 年 2 月第 1 版　2018 年 2 月第 1 次印刷
定　　价：78.00 元

如发现印装质量问题，影响阅读，请与出版社（020-83795749）联系调换。
售书热线：（020）83795240

| 权威推荐 | >>>

吕成龙
故宫博物院器物部主任
故宫研究院陶瓷研究所所长

　　这是一本讲述收藏故事的好书，里面既有冯玮瑜的切身感受，又有她的心路历程，更有她与当今收藏界名流往来的趣事。一切是那么的真实，正如我所认识的玮瑜一样。

吴　欢
全国政协委员
中国文物保护基金会（历史文化）首席专家

　　冯玮瑜把自己的收藏故事与读者分享，让我们了解到艺术界、收藏界有那么多趣事，让我们如身临其境般窥见精彩无比的收藏世界，也看到一个成功的收藏家是如何进行收藏的。成功非侥幸，不是光有钱就能成为收藏家，玮瑜在收藏领域所获得的成功，与她的眼界、决断和细心是分不开的。

万　捷

全国政协委员；雅昌文化集团董事长
北京故宫文物保护基金会发起人、副理事长

　　冯玮瑜是雅昌艺术网的专栏作家，每次发表文章都能够吸引大量读者。她用亲身经历来解读收藏与理财，所写的故事纵横收藏、理财、历史、文化，引人入胜，给人启迪，《藏富密码》既有知识性又有趣味性，是一本值得大家阅读的好书。

李明华

哲学博士、教授；"雅村文化"创始人
广东省文化学会会长

　　高端美妙的收藏精品，行云流水的优雅文字，只有在冯玮瑜的书里才有如此完美的结合。收藏是一种生活艺术，正如玮瑜所说，"收藏，打开了我们生活的一扇门。"其实，文化就是我们的生活方式，玮瑜的饶有趣味的著作给了我们一个明证。

叶建强

深圳国际文化产业博览交易会有限公司副董事长、总经理

　　冯玮瑜的艺术品收藏故事已经家喻户晓。这些年来，玮瑜一直致力于艺术品研究，并投入大量时间、精力和财富进行艺术品收藏，她的经验与心得建立在大量的学习研究和亲身实践的基础之上，其作品真实有趣，文笔流畅又引人深思，可资借鉴。文化是流动的，榜样的力量是无穷的。玮瑜所做的探究和分享，彰显了专业精神，对于中华传统文化的传承和发展，对于推动新一轮艺术收藏热潮，一定能发挥其积极的作用。

王　刚

国家一级演员、表演艺术家

著名节目主持人

在《藏富密码》一书中，冯玮瑜以"电影剧本"的写法，生动记录了10件黄釉瓷器的前世今生，也诠释了收藏、理财与文化的共生之道。

张铁林

著名电视电影人

暨南大学艺术学院院长

冯玮瑜用"官窑"架构了一个与读者探讨中华文明的桥梁，用心地回溯了中国瓷文化的血脉，在中国人文尊严的花朵上浇了一瓢甘泉。

许戈辉

凤凰卫视著名主持人

每一个人天生都是收藏家，都有一双善于发现价值的眼睛。如何擦亮你的发现之眼，探寻生活中的艺术与价值，正是"冯玮瑜亲历收藏系列"丛书要解答的主旨。

赵克锋博士

上海财经大学国际银行金融学院、巴黎商学院教授

收藏、股市、房产等领域有一个相通之处——价值发现与传递。不同的是，它们有不一样的价值传递介质。"冯玮瑜亲历收藏系列"丛书讲述了冯老师数年来在瓷器领域的探索、发现与心得。如果你希望了解收藏市场，把收藏打造成为一种理财工具，那么，这是一本有趣、有用的必读书。

徐家荣

《理财》杂志社社长、总编辑

阅读这本书，就像和冯玮瑜以及业内诸多顶尖大师围坐一起，进行一次愉快轻松的聊天。感受美，同时发现收藏的理财功能，这是一次非常成功的跨界。

徐景权

深圳市前海金融创新促进会秘书长

《新金融》杂志总编辑

冯玮瑜老师以细腻的文笔真实再现了她与 10 件藏品相知相爱的心路历程。在收藏历程中，她不仅与众多业内顶尖人士共赏藏品，同时也向广大读者传授收藏鉴赏知识。

郑磊博士

香港 CMBI 资产管理公司执行董事

收藏理财"燃灯人"冯玮瑜在"冯玮瑜亲历收藏系列"丛书中，向我们透露了能够在收藏市场长期保持超高胜率的秘诀——以投资者的脑袋思索收藏，以收藏人的眼光分析投资。

宋三江

深圳久久益资产管理有限公司总经理

这本书告诉我们，收藏、文化与理财本是一对孪生姊妹。"财富家，文贵人"，收藏可以积累、传承家族财富，更重要的是可以给家庭营造一种文化气氛。这种文化氛围给孩子的影响可能远远超过财富带给他们的优势。

毛丹平

"Fortune & You，财富智慧你的魅力与幸福"课程创办者

本书作者冯玮瑜是 BBC 录制的《你所不知道的中国》(第三季)纪录片中，邀请的第一位中国大陆收藏家。本书文字雅致婉转，阅读时就好像聆听作者将自己亲身的收藏经历娓娓道来，又能从中学到许多理财和收藏专业知识。

瑾瑜以怀　甄陶为范

秦大树

北京大学考古文博学院教授

　　玮、瑜者，珍玉也。玮瑜女史，人如其名，心怀瑾瑜，纯美婉约，温慧贤达。此次她携来第二部收藏著述，展卷之后，耳目一新。

　　本书是一本综合性的瓷器收藏著述，既不乏方家的精准眼光，也充溢着女性的细腻情感，笔意清雅，娓娓而谈，为我们描述了一个个真实生动的收藏故事，令人过目不忘。尤为可贵的是，文章的着力之处并未囿于收藏中的际遇与体验，更提炼出颇有见地的鉴赏知识与理论。一个好的藏家，其境界绝不止自得于私藏的绝世珍品，窃喜于藏品的价值增长，而是乐于藉古望今，甄辨文脉：这就是投资者乃至投机者与真正藏家的差别。藏鉴之大道在于：保藏，甄赏，品知，分享。这是一个真正藏家所应该经历的成长过程，也是收藏境界升华的径道。玮瑜在书中以亲历者的身份，将自己在收藏过程中的认知和掌握的知识毫无保留地与大家分享。其中不乏通识的鉴藏知识，亦有自己潜心所做的统计与钻研，这些论说见微知著，处处可见她收藏的用心与专注，应该是达到了对藏品"品知"的境界。2017 年 10

| 北京大学考古文博学院教授秦大树（左）和冯玮瑜 |

月 16 日，"黄承天德——明清御窑黄釉瓷器珍品展"在中国景德镇陶瓷博物馆隆重开展，玮瑜的藏品作为主要展品献展给观众，倾心倾力与业界同仁专家共同策划展览，"分享"自己之所得、所爱，又使我们看到她佳品共赏的瑾瑜胸怀：希望在为民众带来美的享受的同时，回味明清御窑文化的那份精致与高贵。这样的胸襟气度，让人感佩。

时下也有许多藏家汲汲于公布藏品，刊发图录，但往往失于功利，好像是为了给藏品一个身份，不论真伪有书为据，甚至不惜自欺欺人。与玮瑜这本著录相较，缺一份安详、敬畏，差一段藉古望今的追忆和感情。许多年前，我仍在读博士的时候，看到台湾出版了一本书，是香港藏家郭良惠所著《郭良慧看文物》。书中在讲述购藏的故事之余，还做了一些有价值的研究。20 世纪 80 年代，大陆的收藏还在刚刚起步的阶段，这样的著述使我们看到了港、台地区在经济先期起飞以后逐渐育成了较为成熟的收藏市场。当时我就想，什么时候大陆的藏家也能如此，不功利、不煽情、不忽悠，将收藏的心境、鉴藏的要领娓娓道来，对藏品背后的历史内涵乃至更深厚的文化底蕴细细探索？欣喜的是，玮瑜的"冯玮瑜亲历收藏系列"丛书与郭良惠的著述殊途同归，同样表达了收藏中的心路历程与审慎思索以及绵绵不绝的情感。笔意优美细腻，不流于枯燥说教，当得现今逐利熙熙的收藏大潮中的一股清流。

这本书，就是一件值得收藏的艺术品

乔 平

广东省文学艺术界联合会原副主席

广州市文学艺术界联合会名誉主席

广州市人大常委会教科文卫委员会副主任

冯玮瑜是中国收藏界大名鼎鼎的后起之秀。

在她主办的陶瓷论坛上，我认识了她。当时，她的年轻、她的美貌、她的学识和她的藏品，令人刮目相看。冯玮瑜以优美动人的文笔，讲述亲历的收藏故事。这让人耳目一新，过目不忘。我读了她娓娓道来的收藏故事，又回忆她这些年在收藏活动中叱咤风云的辉煌业绩，发现冯玮瑜有三个可贵之处：

一是冯玮瑜这个小女子是有趣的人。人生在于享受过程。人生应该过得有趣。人活着就要会玩，就要有趣。当今，玩收藏的人就是一群颇为有趣的人。

在她的眼里，收藏原本如此有趣，还可以让生活充满诗意。

　　她有时称自己是小女子，就是有趣。她随心所欲地徜徉在收藏的花园里，尽情享受着五颜六色、五光十色、五彩斑斓且与众不同的人间乐趣。

　　她在与古代艺术品不寻常的际遇故事，在与千百年来的古人的对话中，在与当代收藏

广东省文学艺术界联合会原副主席乔平（右）和冯玮瑜

界、拍卖界、鉴定界、艺术界的名流往来中，体会到世间的美好与真情，收获了历史、人文、艺术、科学、自然等方面的许多知识。这些知识又让她眼界高瞻，胸襟广阔。她有板有眼地玩着收藏，也有滋有味地享受着人生乐趣。

　　我发现，她在有趣的收藏中陶冶情操，她的人生由此变得越来越有趣。在和她接触的过程中，我感觉不到紧张，反而觉得很轻松，有意思、蛮有趣。

　　二是冯玮瑜这个小女子是外柔内刚的人。别以为硬朗是男人的专利或者代名词。自古以来巾帼英雄、女中豪杰时有涌现。

　　她待人接物如水般柔情，办事却干练爽快胜似男儿。

　　我在认真读过她的收藏故事之后，真真切切感受到这位小女子的英雄本色。我不时被她的英气勃发的文字和言行所感动。

　　我觉得，冯玮瑜这个小女子的话，英气飒爽，充满着自信。那种"虽千万人吾往矣"的英姿风采，令人神往。试问，像她这样执着坚定、胆大心细、实力雄厚的收藏家，身边又有收藏圈里顶尖的良师益友辅助，收藏之路怎会不成功呢？

　　三是冯玮瑜又是拿得起放得下、惜物随缘的人。人与人之间讲缘分。人与事之间也讲缘分。人与物之间也讲缘分。随缘才能自在。人要活得自在，就要讲缘分、讲随缘。

她说："我对于收藏是信马由缰，拍得到固然可喜，拍不到也无妨，收藏就是开心的事，也是水到渠成的事，要看与拍品有没有缘分。收藏，那是兴之所至的事，乘兴而来，兴尽而归，拍不拍得到，何足介怀，毕竟参与过，便无遗憾了。"

她说："小女子看得开，'欣于所遇，暂得于己，快然自足'（王羲之《兰亭集序》），能于千万人中遇见你所要遇见的人，能于万千器物选到自己心仪的器物，能于千万年中遇到最合适的时刻，没有早一步，也没有晚一步，刚巧赶上了，一切的一切，都只有两个字——机缘。"

她说："休问平生意气，一切随缘。"

她就是在既有意又随缘中，把收藏玩到了极致，把朋友交到了极致，也把为人做到了极致。

她的"冯玮瑜亲历收藏系列"丛书把故事性、艺术性和文学性完美地结合在了一起，让我们感受到了一个女作家的人文情怀和文化底蕴。

这套"冯玮瑜亲历收藏系列"丛书字字珠玑，散发着人生哲理，本身就是一件艺术品，值得广大读者珍惜和收藏。

更为难得的是，我们在品读这套系列丛书的同时，还可以认识冯玮瑜这位有趣、英气、随缘的女收藏家。

| 推荐序 3 | 》

弱水三千只取一瓢，跨界巾帼不让须眉

徐景权

深圳市前海金融创新促进会秘书长

《新金融》杂志总编辑

第一次见冯玮瑜老师，话题围绕她的第一本收藏理财专著《你所不知道的中国收藏》展开。从地产商转型为收藏家，从外行到行家里手，冯老师娓娓道来，关于她对品类的选择定位，关于从经营地产角度深刻理解流转有序，短短几年如何取得几十倍收益，普通人如何玩转收藏领域，关于筹划策展明清皇家黄釉主题精品展等。

话题萦绕耳畔，感触收获良多之余，惊喜第一本脱销了，第二本收藏理财专著马上出版！记得文坛大师李敖说过，收藏品是最晚进你家门，遇到变故又是最早离开你家门的物件。

"古物的迷人之处，是它的美质，是它的时代感。经由一件古物，我们所能感

受到的，是穿越时代的迷雾，看到一丝丝古代的光亮。它透露出人性的光辉，隐隐暗示着人生的戏剧。"曾有收藏大家如是说。

|《新金融》杂志总编辑徐景权（左）与冯玮瑜合影|

收藏文物和艺术品是中华民族几千年来的优良传统。经过传世收藏汇成一幅幅精美的画卷，琳琅满目，美不胜收，令人惊叹。

瓷器是历史的产物，每件瓷器无不打着时代的烙印。中国是瓷器的故乡，瓷器起源于 3 000 多年前，由陶瓷演变而来，是我国古代特有的奢侈品之一，一直是历代王公贵族的主流收藏。其种类繁多，精美异常，至今仍被众多收藏家所钟爱。

而瓷器是体系复杂的一种收藏门类，从陶器到汉晋越窑到明清景德镇窑，其经历了 3 000 多年的发展演变，瓷窑遗址遍布大江南北，出品种类繁多，流传世界各地。

瓷器的博大精深也意味着纷芜庞杂。谈到收藏离不开鉴定。鉴定某瓷器的时代，就如分析一部文学作品或福尔摩斯探案一样，除了通透了解瓷器发展史、懂得瓷器烧造工艺和陶瓷工艺美术知识外，还要善于对器物的细节（诸如纹路等蛛丝马迹）抽丝剥茧，慧眼独具。收藏的内行，往往一眼就能认出一件瓷器的真假，出手就能捡漏。这种眼力是长期养成的，是识别瓷胎、瓷釉、瓷器造型、瓷画颜料、画法特点以及烧制工艺的综合能力。瓷器收藏也因庞杂的专业知识，令多少人望而却步。

而冯老师借鉴地产运营依赖知名中介机构的原理，借助世界几大知名拍卖行的专业力量，从名品名拍入手，并选好自己的爱好及品类，又借鉴地产投资的逻辑，尽其所能选择高价名品，践行流转有序原则，可以帮助大家解决入行之初的专业困扰，可谓是一次跨界思维大胆而成功的尝试。

在瓷器收藏的海洋中，冯老师从宏观大处着眼，在触类旁通之余，聚焦明清御窑瓷器，正所谓"弱水三千，只取一瓢饮"，几年的努力和积累，在明清御窑瓷器收藏品类已经令业界同仁刮目相看。在她至今不算太长的收藏生涯中，她不追市场，不唯投资首选之想，不囿于所选领域门类。她的雅藏心得，融枯燥知识于趣味中，从自己收藏案例与机缘入手，对瓷器的种类、用途、发展、观赏性，对名窑瓷器、器形、纹饰、釉彩、题款娓娓道来，还有瓷器真伪的辨别技巧可供参考，可谓品类收藏之盛宴。无论是对业界同仁，还是门外汉或初入门者，相信都会有所裨益。从视觉欣赏的角度，看冯老师的藏品，铭记的是明清御窑瓷器文明的足迹。藏品鲜活灵动，散发着历史的醇香。本书形式赏心悦目，为广大收藏爱好者提供了相关品类收藏与鉴赏的第一手珍贵资讯。

我们知道，文物、艺术品的收藏是几千年来中华民族的优良文化传统，今天所能见到的珍贵文物、艺术品，都是历代收藏家们苦心经营、历经劫难保护传承下来的成果。因此，冯老师的收藏实践，对文化传承意义非凡。

最后，祝贺冯老师和她的收藏事业开出累累硕果，如有词不达意之处，还请读者和各界见谅！

|自 序|

国运到来当收藏

文运与国运相牵，文脉与国脉相连。

三十余年的改革开放，国家强盛，物阜民丰，中华民族卓然进入盛世。"乱世黄金，盛世收藏"，收藏与国运紧密相连。国运来了，收藏的时机到了。

自从"冯玮瑜亲历收藏系列"之《你所不知道的中国收藏》出版发行以来，获得众多读者的称赞，各地读者纷纷要求尽快出版续集，"像追着金庸的武侠小说一样追着看"。读者的喜爱和鼓励，就是作者的创作动力。

收藏类书籍已经不少，但从自己亲历的角度介绍收藏故事，可能这是第一本，故让人有耳目一新之感。不仅如此，书本除了有器物鉴赏的知识，还提出"收藏理财"的全新概念，开阔了读者的视野：原来看似风雅的生活还是一种投资方式。这是很多读者喜欢"冯玮瑜亲历收藏"的原因之一。

让初学者看到艺术品的鉴赏知识，让收藏者看到艺术品的前世今生，让投资者看到艺术品的收藏理财功能，让中产阶级看到新的生活方式。与时俱进，盛世当收藏。

收藏目前来看还是"高大上"的小众游戏，但可以预言：随着社会发展、民众富足，全民收藏、艺术品大众消费的时代即将到来。在这个瞬息万变的时代，不管是仓廪实而知礼节，衣食足而知荣辱，还是经济基础决定上层建筑，这个世界的秩序正在以令人瞠目结舌的速度快速改变。

改革开放以来，从股市到房市，从万元户到亿万富翁，从个体户到上市公司，从国内打拼到海外并购……我们亲眼目睹、亲身见证了一波又一波致富浪潮，一个又一个百年不遇的机会。只要你把握机会，就会成功。

随着社会原始积累的完成，管理愈加规范，成功所需的条件越来越多，起跑线的差距也越来越大，留给我们的机会越来越少。草莽英雄的年代已经过去，社会的阶层会越来越分化。如果再错过下一个大时代的机遇，意味着你将离成功越来越远。

房产就是一个很好的例子。最初买房不就是为了解决居住问题吗？可在过去十年里，买房成了全民致富的游戏，房产变成一个天天上涨、旱涝保收的金融产品，众多家庭借此完成财富积累，这是一个大时代的机遇。在这个当初人人都可以把握的机遇面前，有的人停留，有的人擦肩，有的人满载而归。如果你错过了十年房地产大牛市，那也不说了，说多了都是泪。

随着调控政策越来越严厉，房地产的黄金十年已经过去。投资必须要考虑分散风险，鸡蛋不能放在同一个篮子里。

那么，下一个"风口"在哪？

由从事地产业到收藏，这些年来，我所听到的、见到的，我所亲历的财富故事，不知凡几。我深深地认识到：收藏是一项稳健、长线、低风险的投资。随着时代的进步和社会经济的发展，艺术品始终存在水涨船高的增值效应。艺术收藏并非富人的专利，普通工薪族也可以按照自己的生活水平选择性收藏。

由于资金偏好和流向的改变，收藏将成为继股市、楼市之后又一种投资理财方式，不信可拭目以待。

风起于青蘋之末。机会的味道，你嗅到了吗？

站在"风口"上，猪都能飞起来。

世界潮流，浩浩荡荡。顺之则昌，逆之则亡。

坐言起行，国运来了当收藏。

2017 年 9 月 26 日

冯玮瑜
著名收藏家
中华传统文化国际行组委会秘书长
广州市当代艺术研究院理事长
雅昌艺术网专栏作家、自得堂主人

冯玮瑜长期从事推动中华传统文化的工作，主要有：

荣获中国文物保护基金会颁发的"2017 讲好中国文物故事杰出个人提名奖"。

2017 年 10 月，应景德镇市人民政府邀请，在景德镇中国陶瓷博物馆举办"黄承天德——明清御窑黄釉瓷器珍品展"，该展览是国内首个由国有博物馆、考古研究所、收藏家共同举办的学术展览，并举办国际水平的"明清御窑研究国际学术研讨会"，对御窑黄釉瓷器展开深入讨论和学术研究。

2017 年 7 月，出版推广传统文化的专著《你所不知道的中国收藏》，在全国新华书店系统及京东、当当、亚马逊发行。

2017 年 7 月 2 日至 6 日，中华人民共和国文化部批准、中国对外文化集团主办"中华传统文化行（香港）"。冯玮瑜担任组委会秘书长并组织协调工作，在香港举办大型展览活动和多场论坛，向香港回归 20 周年献礼。

2017 年 6 月 3 日，大型纪录片《你所不知道的中国》（第三季）在江苏卫视和英国广播公司（BBC）同步首播。该纪录片中包括 2016 年 11 月，英国广播公司和江苏卫视对冯玮瑜进行追踪拍摄的一段真实记录，冯玮瑜通过国外重要电视媒体向世界传播了中华文化的正能量。

2016 年 12 月 20 日，由中华人民共和国文化部批准、中国对外文化集团主办的"中华传统文化澳门行"在澳门回归 17 周年纪念日在澳门盛大开幕。冯玮瑜担任此次大型展览活动的组委会秘书长。

2016 年 5 月，应中国嘉德邀请，在北京举办"皇家气象——明清御窑黄釉器特展"和"明清景德镇御窑黄釉瓷器鉴赏"讲座。这是中国大陆私人藏家首次序列化、系统化收藏和展出明清御窑黄釉瓷器，在国内外的收藏界引起轰动。

2015 年 12 月至今，冯玮瑜分别在雅昌艺术网、《中国收藏》《北京晚报》《收藏 / 拍卖》等专业网站、报纸和杂志开设专栏，撰写关于收藏文化的专栏文章，大力宣扬中华传统文化。文章阅读量极高，获得了高度评价和很好的社会反响。

2015 年 9 月，与中国嘉德合作在北京举办石湾陶塑的专题展览及讲座，并撰写《自得堂藏陶：原作掇英》一书，弘扬推广岭南文化。

2014 年 11 月，在雅昌艺术网开设"石湾陶塑"频道，为石湾的陶塑艺术家建立个人官网，推广石湾陶艺，获得石湾陶塑艺术家的一致好评。

2014 年 1 月，受邀在广东省博物馆举办"自得堂藏陶"展览，为广东省博物馆的首个石湾陶塑个人收藏展览。同时出版图书《自得堂藏陶》一套三册，此书为广东省博物馆事业发展基金会展览系列丛书之一。书中收录了 10 多位专家、学者撰写的 14 篇有关石湾陶塑的学术论文，同时冯玮瑜也撰写了多篇研究、赏识石湾陶塑技艺的文章。此书为石湾陶塑的研究提供了鉴定标准。

2014 年 1 月，冯玮瑜个人向广东省博物馆事业发展基金会捐款 40 万人民币，以个人绵力助推岭南文化的发展。

此外，冯玮瑜长期从事向公众推广传统文化的工作：参与多个公益讲堂演讲；免费为雅昌艺术网的"雅昌讲堂"、广东珠江经济台的"藏家话收藏"等媒体栏目录制公开课；协办"中华传统文化国际行"；出资延揽名家开办"融熙文化大讲堂"；邀请上海龙美术馆到广州举办"龙美术馆两宋稀世书画藏品特展"；组织收藏界顶级专家学者开讲"全球艺术品高峰论坛"等。

| 冯玮瑜收藏的部分御窑黄釉瓷器 |

| 目　录 |》

清代康熙黄釉撇口大碗（右一）

壹

第1章

皇家气象

一只
瑞士“玫茵堂”旧藏清代康熙黄釉撇口大碗
入藏记

藏品：黄釉撇口大碗　　　　　　来源：香港苏富比 2013 年 4 月 8 日 "玫茵堂"
年代：清康熙　　　　　　　　　　　　专场　编号 2
款识：青花楷体 "大清康熙年制"
　　　六字三行外围双圈款
尺寸：口径 31.5 厘米

2013 年 4 月，著名收藏家冯玮瑜收藏

　　此碗胎体厚重，胎质坚致，碗深圆腹，撇口，圈足微敛。通体施黄釉，色近蛋黄，
釉层均匀透彻，釉色纯正，釉面光亮，给人以色泽恬淡之美感。圈足露胎处色略近橘黄，
圈足内所施白釉，均匀纯净，白中闪青，釉层肥腴，釉面莹亮，显得异常坚硬，具有康
熙白釉的显著特点。该碗外底部署青花楷体 "大清康熙年制" 六字三行外围双圈款，颇
为少见。器型完整，没有瑕疵。

　　《通典》注云："黄者，中和美色，黄承天德，最盛淳美，故以尊色为溢也。"

　　国人对黄色的崇拜由来已久，黄色是历朝帝王的专属颜色。我曾多次到过故宫博物院，印象最深是明清皇家对黄色的推崇。千千万万间广厦，屋顶全是琉璃黄瓦，鳞次栉比，巍峨壮丽。尤其是从景山上眺望故宫，那万万千千琉璃黄瓦，气势恢宏，吞天沃日，

｜从景山远眺故宫博物院｜

让人肃然起敬。环绕天安门广场的建筑物，如天安门、人民大会堂、中国国家博物馆、毛主席纪念堂的屋顶或楼顶檐边也是琉璃黄瓦，就连钓鱼台国宾馆也有不少琉璃黄瓦。可见由古至今，黄色是中华民族最尊崇的颜色。

　　由于"黄"与"皇"同音，黄釉是代表至尊皇权的颜色，它和五爪龙一样，象征皇权神圣不可侵犯。黄釉是明清时期皇家严格控制的釉色，为皇帝御用，或为祭祀专用，体现对皇权的膜拜和尊崇。黄釉瓷器是明清皇家专用

| 太和殿全景 |

瓷器，其他人不得擅用。尤其是清代，全黄釉器只有皇帝、皇后和皇太后才能使用，是等级最高的皇家御用瓷器。

《大明会典》载："洪武九年定，四郊各陵瓷器，圜丘青色，方丘黄色，日坛赤色，月坛白色。"

《清史稿·礼志一》也云："凡陶必辨色，圜丘、祈谷、常雩青，方泽、社稷、先农黄，日坛赤，月坛白。"

《钦定皇朝礼器图式》也载："天坛用青色，地坛及社稷坛用黄色，朝日坛用红色，夕月坛用白色。"

为了深入研究皇家对黄釉瓷器的使用，我专门去地坛和社稷坛考证。

社稷坛位于天安门旁边的中山公园内，建于明永乐十八年，是中国现存唯一的封建帝王祭祀社稷神的国家祭坛。

社为土神，稷为谷神，坛为正方形，三层，青白石砌筑。上层按东青、南红、西白、北黑、中黄铺设五色坛土，象征"普天之下，莫非王土"。坛台中央设立"江山石"，上锐下方，象征"江山永固"。明清两朝皇帝每年农历二月、八月在此举办祭祀仪式，祈求五谷丰登、国泰民安。

地坛又名方泽坛，位于地坛公园内，始建于明嘉靖九年，为明清两朝祭祀"皇地祇神"的场所。地坛平面呈方形，以象征"天圆地方"。坛面原为黄琉璃砖，后遵乾隆旨意改换为艾青石坛面，上下两层，周有泽渠，外为坛壝两重，四面各有棂星门。

| 冯玮瑜实地考证地坛和社稷坛 |

明清两朝帝王在社稷坛、地坛所用的祭器，按规定均使用黄釉瓷器。

由于自小深受中国传统文化熏陶，我对黄釉瓷器情有独钟，所以在收藏瓷器时专门设定黄釉瓷器作为其中一个收藏系列，希望明清每个朝代的黄釉御窑瓷器（并且是带官款的）都能收到一件以上，顺着各个朝代一溜地排下去，多有趣多好玩呀，想想就开心。

当然，这只是小女子痴人说梦，实际上不可能成事。集齐清代各朝的款识器或许可以实现（除顺治款识瓷器难见难收外），但要集齐明代各朝的款识器是不可能的。因为明初洪武朝瓷器没有款识，建文朝时期发生影响深远的"靖难之变"，永乐抢夺侄儿建文的帝位，致使有明确"建文"款识的瓷器至今仅见仇焱之（Edward Chow）收藏过的一件青花笔架，而且那件并非官窑！除此以外，世间就再没见过任何一

玮瑜说瓷

官款：指专供皇家使用的器物上的款识。官款非常讲究，字体规整，由专人撰写；私家款是私人订制物的落款；民款是供民间使用的瓷器款识，生产量大，款式书写随意、草逸。

件有建文款识的瓷器。而正统、景泰、天顺三朝帝位更迭，政局动荡，官窑几近停烧，所烧瓷器也不署款识，致有"空白期"之名。明朝末年，内有民变，外有劲敌，内忧外患，国库空虚。天启朝官款少见，崇祯朝官窑停烧。所以要集齐明代各朝带官款的黄釉瓷器是不可能的，因为期间瓷器上有的官款器根本就没有烧制过。

我生年也晚，入门也晚，永乐黄釉官窑器在书中见过，但不曾在拍场上遇见过。如今即使在拍场出现，也是天价。

前些年，有一只宣德朝黄釉小盘在香港露脸，成交价300多万。因价

|清代康熙黄釉撇口大碗|

格太高我没能竞得，所以要收齐明朝带款识的黄釉官窑器就不可能了。

我的黄釉瓷器系列收藏，是从康熙黄釉瓷器入手的，为什么？因为古代瓷器那么博大精深，收藏江湖又那么云谲波诡，要找一个较稳妥、较保险的切入点，康熙黄釉瓷器是一个较好的选择：

第一，康熙一朝，平三藩，收台湾，河清海晏，御窑厂复烧为内官供瓷，瓷器烧造，再创巅峰；

第二，康熙的黄釉瓷器全是官窑器；

第三，顺治款官窑器在市场上较少见，难定真赝；康熙官款窑器，标准件多，可资比较，可以减少失误。

在我所收藏的康熙黄釉瓷器中，有一件黄釉大碗是重要的藏品之一。这件黄釉大碗体型硕大，较为罕见，而且还有一个非常难得的传承记录：它是"玫茵堂"旧藏。"玫茵堂"是什么概念？可以这样说，谈到瓷器的顶级收藏，就不能不提"玫茵堂"。

很多人只知"玫茵堂"大名，却不知其由来。收藏界对"玫茵堂"的普遍认知，也仅限于"'玫茵堂'在业界向来以收藏等级高而著称，尤其

| 清代康熙黄釉撇口大碗外壁 |

收藏的中国瓷器，都是各年代的精品"。即便是拍卖公司，也对"玫茵堂"
主人的身份三缄其口，习惯称之为"玫茵堂主人"而非某某收藏家。

凭借其上乘的品质和迷雾重重的身世，虽然极负盛名，但"玫茵堂"
主人所收藏的 2 000 件藏品几乎没有全部展出过，仅在私人场合露过面。
少部分藏品曾于 1994 年在大英博物馆展出，两年后又在蒙特卡洛展出。
这在当时引起收藏界的轰动。唯一公开的记录是德国学者康蕊君（Regina
Krahl）编辑的纪念图录《玫茵堂中国瓷器珍藏》。这部图录共七卷，但对
将这些藏品汇聚在一起的人却只字未提。这更引起人们的惊叹和好奇——
"玫茵堂"的主人究竟是谁？

很长一段时间，人们纷纷打听"玫茵堂"的主人是谁？但没有人知道
他的真实身份，仿佛一个武林绝世高手，誉满天下，江湖尽其传闻，却无
人知其来历。

真相在近年才渐渐浮出水面。原来"玫茵堂"的主人是在菲律宾经
商的瑞士藏家斯蒂芬·裕利（Stephen
Zuellig）和吉尔伯特·裕利（Gilbert
Zuellig），他们兄弟二人将自己的收藏
定名为"玫茵堂"，意为"玫瑰花丛中
的殿堂"，另外这也是他们在瑞士的家
乡"Meienberg"的谐音。

"玫茵堂"收藏是在知名古董商仇焱
之和埃斯卡纳齐（Eskenazi）等的协助下，
历经 50 余年而成就。"玫茵堂"以其收
藏艺臻技绝的御制瓷器举世闻名，其藏
品堪称史上最精美的私人收藏御制瓷器

| 苏富比"玫茵堂"专场图录 |

之一。收藏囊括了新石器时代到历朝瓷器中最上乘的珍品，被认为是西方私人手中最好的中国瓷器收藏。

2011 年 4 月春拍，香港苏富比首次推出"玫茵堂珍藏·重要中国御瓷选萃"专场。此次活动备受瞩目，各大媒体铺天盖地都是"玫茵堂珍藏"字样。用苏富比亚洲区副主席、中国艺术部国际主管仇国仕（仇焱之的孙子）的话来说："玫茵堂珍藏的价值，不在于其是否刷新中国拍卖纪录，而是能对近年来涌入艺术品市场的新买家起到样板作用，可以让他们从来自欧洲的'老收藏'中，体验什么是顶级的中国瓷器珍藏。""玫茵堂"专场拍卖是近 30 年来苏富比所上拍的最重要的私人瓷器收藏。

从 2011 年至 2014 年，苏富比共推出了 6 个"玫茵堂藏瓷专场"，每次都引起了市场的热烈反响，那件 2.81 亿港元成交的明成化鸡缸杯，就是从"玫茵堂"专场释出的。

裕利兄弟从 20 世纪 50 年代初开始通过 Helen Ling 购买中国艺术品，

Helen Ling 是他们的一个新加坡合伙人的美籍妻子，当时在上海经营中国瓷器。正是她将仇焱之介绍给这对兄弟，当时仇焱之住在香港，不久后又移民瑞士。他是二战后最显赫的中国艺术品收藏家和经销商。仇焱之为裕利兄弟提出了三大收藏原则：珍奇稀有、品质上乘、品相完美。

从古代青铜到晚期瓷器，这对兄弟对中国艺术品兴趣浓厚。他们在收藏时按照年代对各自的兴趣进行划分：吉尔伯特专注于新石器时代到宋代之间的早期陶器，斯蒂芬则将精力倾注于元明清三代的瓷器。

裕利兄弟总是寻求最专业、最顶级的古董商，包括仇焱之、戴润斋、蓝捷理等，另外还有埃斯卡纳齐先生（就是那位以约 2.3 亿元人民币买下元青花"鬼谷子下山"大罐的英国古董商）。在 50 多年的时间里，他们为裕利兄弟购得（或以他们的名义购得）多件藏品。这些古董商中，对裕利兄弟影响最为深远的人还是仇焱之，他将对中国艺术品的热爱和敬畏深植这对兄弟

| 阳光·黄釉撇口大碗 |

撇口：瓷器口部形状之一，形状为口沿向外翻撇，略呈喇叭状。这种口形多见于觚、瓶、杯等器物。

心中。仇焱之的收藏主要以瓷器为主，"玫茵堂主人"受他点拨，或多或少都延续了仇氏的路子。

据搜狐文化报道："后来，'玫茵堂主人'裕利兄弟对外称自己年事已高，准备将手中所藏全部转让，要价1亿多美元，马未都心向往之，由于拿不出这个数目，所以召集圈内人买，终无人响应。"

最后，为将这些顶尖器全部留在国内，马未都又想到游说相关国家文物机构进行整体购买，称"玫茵堂"的瓷器怎么好，非常值得买，但种种缘由，最终没有使之完整回归。最后"玫茵堂"瓷器不得不分散拆开，见诸拍场，一件件皇家器物，一代人的毕生珍藏，从此散开。有聚必有散，无奈更唏嘘。也正因如此，才给我们后来者一个入藏的机会。

2013年4月8日，香港苏富比春拍，"玫茵堂"专场再度震撼登场。在香港会展中心设专馆展示拍品，一时观者如云，蔚为盛事。

我刚走到"玫茵堂"专场预展大厅门口，立即被厅内远处一件器物散发的明晃晃黄色亮光吸引住了。在满场静穆的展品中，这黄色是如此先"色"夺人，如此耀光炫目，它紧紧吸引着每一个参观者的目光。

我敛神定睛，仔细一看，原来在正对门口的远处展柜内，陈设着一件硕大的黄釉大碗，一束灯光打在黄釉大碗上，使得整件器物熠熠生辉，璀璨明亮。器物散发出的光辉，那种摄人心魄的魅力，那种皇家气象的威仪，回想起来依然令小女子心荡神驰。

当我上手这个浇黄釉大碗时，感到这大碗很沉，我这个纤纤女子拿起来颇觉吃力。康熙官窑器物由于胎土淘练得非常精细，紧密坚致，故烧成后质坚量重，所以康熙官窑器物上手感觉较沉。瓷学泰斗耿宝昌先生所著《明清瓷器鉴定》第 224 页写道："孙瀛州先生在鉴别瓷器真伪时曾说：'行家一上手，就知有没有。'这是他亲身体会了康熙与其他时期瓷胎的比例和重量而得出的经验。"

离开灯光的照耀，大碗骤然失却那种穿透感，但依然光泽明亮。细看此碗，胎体厚重，碗深圆弧腹，撇口，圈足微敛，通体内外施黄釉，色近蛋黄，圈足露胎处色略近橘黄，外底署青花楷体"大清康熙年制"六字三行外围双圈款。器形完整，没有瑕疵。"玫茵堂"藏品果是名不虚传！

我查阅康蕊君编辑的《玫茵堂中国瓷器珍藏》一书，这只黄釉大碗著录于第 2 卷，编号 893。同时也查阅了其他资料，据手头资料统计，如此硕大的康熙黄釉大碗，目前仅见以下七件：

上海博物馆藏有一件，见《上海博物馆藏：康熙瓷图录》1998 年版，图版 238。尺寸比本碗大些。

日内瓦鲍氏藏一件，与本碗尺寸、釉色、款式甚为相近，见《鲍尔藏中国瓷器》(*Chinese Ceramics in the Baur Collection*) 1999 年版，卷 2 图版 189。

香港望星楼藏有一件，曾展出于美国明尼阿波利斯艺术学院，见《清代康雍乾官窑瓷器〈望星楼藏瓷〉》2004 年版，编号 91。尺寸比本碗略小。

故宫博物院藏有一件，见耿宝昌编著的《故宫博物院藏古陶

| 冯玮瑜参加香港苏富比"玫茵堂"专场预展 |

瓷资料选粹》2005年版，卷2图版102。尺寸比本碗更大。

南京博物院也馆藏有一件，见《中国清代官窑瓷器》2003年版第119页，口径为37.5厘米。

沈阳故宫博物院藏有一件，见《沈阳故宫博物院院藏文物精粹》（瓷器卷，下册）2008年版。口径为37.7厘米。

"正观堂"藏有一件，曾于北京保利艺术博物馆展出，见《延熏秀色：康熙瓷器与宫廷艺术珍品特展》2011年版，编号I-25。

以上七件藏品都是署六字双行款，而"玫茵堂"这件却是六字三行款。

记得当时还查阅过一份资料，说这种大碗在市场流通的不到10件。由于现在找不到那份资料，所以不能在此凭记忆妄言（当然北京故宫博物院、南京故宫博物院、沈阳故宫博物院是否还有库存或库存多少，没有查到，不得而知，但那些都不能在市场流通）。这种硕大宫碗的市场流通量不多，当为可信。自香港苏富比"玫茵堂"专场后，我在拍卖场就再没见过这么硕大的康熙黄釉大碗了。

在看"玫茵堂"专场预展的时候，正好碰上北京荣宝拍卖有限公司副总经理王为和瓷器部负责人任雅武两位先生。我与他们算是老熟人了，因为我常到北京荣宝参加竞拍，目标多为瓷器，特别是黄釉器。

王总和任总在荣宝拍卖多年，小女子参加北京荣宝拍卖会，看上的拍品都会征询他们的意见，听听他们的看法。他们总是给我不少建议。

荣宝远在北京，而我长作岭南人，相隔千里。他们为什么会对我如此青眼有加呢？因为我跟荣宝拍卖有渊源，正应了那句老话："不打不相识"。我也曾在荣宝拍卖经历过兴奋与失落。

拍卖会上种种匪夷所思的事时有发生，荣宝拍卖是国有企业，但有一次……记得那是在荣宝2012年的一场拍卖会。那一场我同时看中了两个拍品：一对嘉靖黄釉盘和一对雍正黄釉盘。当时信心满满，想着非我莫属，没想到竞拍时，委托席上有个电话委托一直不依不饶跟我争。第一对嘉靖黄釉盘，从头到尾都是电话委托跟我在"二人转"：我举一下，电话委托就跟一下，由几十万一直举到一百多万，我敌不过电话委托，败下阵来。到了另一对雍正黄釉盘拍卖时，历史重演，还是一模一样的"二人转"，又是由几十万举到一百万了，气得我不拍了：光天白日下"见鬼"了！拍卖场遇"鬼"的事听得多了，这回缠上小女子了。

我心想，不玩啦，一跺脚，一收牌，一起身，一扭头，准备离开。

任总见状马上走下委托席来送我，边送边解释确是真实委托，还一再谢谢我。当时我正窝火，气鼓鼓地说："没拍到，又没佣金给荣宝，干嘛谢我？"

任总说："谢谢你把价格举得那么高。"一句话逗得我破颜一笑。

|清代康熙黄釉撇口大碗外壁|

任总说得非常诚恳，他是老实人，说不定真的是委托呢。总不能因为自己没有买到，就去怀疑别人吧。任总的话也点醒了我：价格或许真是太高了，失之何足惜呢？

但心里总是不舒服。拍卖场拍不到拍品是常见的事，价高者得，败了也口服心服，对此我从无怨言。但败给神龙不见首尾、不知真假的电话委托，令人十分郁闷。我在其他拍场还见过更奇葩的：委托席上那个委托甚至都没有将电话装模作样地拿在耳边，而是直愣愣地扭头瞅着我，我举一下，他连想也不想就跟举，那种情状更气人！

假作真时真亦假，何必耿耿于怀呢？拍不到就算了，也许是跟拍品没缘分。一念至此，我才释然。

自这次之后，我在荣宝拍卖就再没遇过这种情形了。

对这场"玫茵堂"专场拍卖，我向王总和任总请教他们对拍品的意见。任总说："东西的真赝就不用考虑了，只要考虑你出得起多少钱。"此话我深以为然，我们一起到贵宾座位，让工作人员把整场"玫茵堂"拍品一件一件拿过来上手品鉴，足足看了大半天。后来不停地有电话找他们，好像还有其他安排。但是他们依然耐着性子陪我看。

任总问我看上哪件。我答："一件是明宣德的红釉盘。"

任总说："眼光好，宣德红釉是一代名品，底价720万，估计要过千万下槌。"

我点点头，然后说另一件是康熙黄釉大碗。

"东西好，罕见。"任总眉头稍稍一蹙，接着说："真这件？""是的，就这件。"我语气坚定。

当晚我就想定第二天的竞拍策略：康熙黄釉碗编号为 2，而宣德红釉盘编号为 9，按拍卖顺序，会先拍黄釉碗，所以要先抢黄釉碗。而且我当时正在做黄釉系列的收藏，入藏黄釉瓷器符合自己的收藏规划，这是首选。如果黄釉碗拍不到再去抢宣德红釉盘。如果拍到黄釉碗，就不再竞拍宣德红釉盘。毕竟宣德红釉盘要过千万，而我本场拍卖会还有其他拍品要买，这样起码能保证入藏一件"玫茵堂"的旧藏（小女子真是头发长见识短，当时为何不多买几件呢？或者将宣德红釉盘一并拿下？无解，无言，真笨）。

这场拍卖座无虚席，我提前到达，专门选择坐在后排，这样方便观察前面的"敌情"。远远看见王总、任总他们坐在前排。黄釉碗排在第二件拍卖，拍卖师喊价声刚起，我立马举牌，早早表明态度，幸好，好像没人跟我争……

拍卖师已经在最后喊价，喊第一次、第二次，喊第三次就要落槌了，我心中窃喜，以为这次会以底价拿到，捡个便宜。没等我笑出声来，就在这个时刻，哎哟！坐在前排的任总突然举牌，我一下子惊得眼珠子都快掉出来了。

啊！是他！

真没想到啊！光天白日他闹什么"鬼"呀？

竞争对手隐藏得真深，昨天一起看东西，言笑晏晏，从没听他说过要拍这件。现在一声不吭，来个突然袭击。

怎么办？任总他们要？让还是不让？短短几秒，我脑里转了无数个念头。这是公开场合公开竞价，我们事前没说好。让了，他们也不见得领情。

拍卖师的叫价声一声紧似一声，像催命似的，拍场如战场，容不得我再多犹豫。

说时迟，那时快。我一咬牙，继续举起牌子……

结果如我所愿，拿下了这件拍品。

| 深圳市博物馆副馆长郭学雷（左）、金立言博士（中）与冯玮瑜共赏黄釉大碗 |

"玫茵堂"专场结束后，我特意在门口等着他俩。瞅着他们问道："那黄釉碗是怎么回事呀？没听说你们也要呀？知道是跟我争不？"

"知道呀，不就我们两个在举牌争吗？我们是受一个北京朋友之托，帮他出价举牌，没办法啊。"

我跺着脚，恨恨地说："哎呀，你们不举不行吗？举高了谁得益呢？你们在'玫茵堂'又没有股份，我真宁可把差价给你们。"

"受人所托，忠人之事，怎能不举牌呢？我们怎能干那样的事呢！"

他们笑容满面，但语气坚定。

我真的无语，嘻！他们忒老实，不晓得提前"共享"。受人所托忠人之事，固然没错，但都是老熟人，凡事好商量，何必自己人和自己人较劲？我们都是中国人是不是？一致对外好不好？不打内战对不对？何不事先与那位委托人说小女子也想要，大家来个"私下约定"，一个要货，一个分点钱，这样我不用多出冤枉钱，北京委托人一分钱不用出就提前秋收了，双方和为贵，

| 深圳市博物馆副馆长郭学雷（左）与金立言博士（右）其赏黄釉大碗 |

两全其美，何乐而不为？多好呀！

唉，他们是老实人，是好人，是君子，小女子这点小心眼还真不好跟他们大男人明言。

事后想来，都怪我当时不够机警。任总说"真这件？"的时候，我没留意他那一瞬间的表情变化，现在回想，他是语出有因。晚了，事后诸葛亮，笨死没商量。

他们一点都没体察到我心里的千回百转，还是笑意盈盈："恭喜你！这个康熙黄釉碗买得好！""谢谢承让！这康熙黄釉大碗从您们手上抢去了，怪不好意思的，我请您俩吃饭。"

玮瑜说瓷

颜色釉：在釉中加上某种氧化金属，焙烧后，就会显现某种固有色泽，故称"颜色釉"。釉料中加入不同的金属氧化物为着色剂，在一定温度与气氛中烧成，会呈现不同色泽的釉，成为颜色釉。

"不了，我们还有其他事。"

从此，我再也不敢在两位老师面前提我脑子里曾经闪过的"共享"想法。他们都是谦谦君子，说出来怕教"坏"了他们。

不过拍场上明码实价，用真钞实票买回来的东西，心里坦荡。

低温釉：从烧成温度方面，烧成温度为 1 300℃ 以上的为高温釉，烧成温度为 1 200℃ 左右的为中温釉，烧成温度低于 1 120℃ 的为低温釉。明代的御窑黄釉是低温釉。

黄釉是低温颜色釉，制作时将白釉大碗内外遍施黄釉，再经低温烧成。这只黄釉碗，体型硕大敦厚，稳重得宜，釉色鲜艳透亮。如此硕大黄釉器皿应为皇家祭祀用器。这只黄釉大碗入藏后，实在舍不得让它抛头露面，一直秘不示人，孤芳自赏。"侯门一入深如海"，它再也没有在公开场合出现过。

2016 年一个阳光明媚的春日，深圳博物馆副馆长郭学雷研究馆员和"佳趣雅集"学术顾问金立言博士联袂光临寒舍，他们二位分别负责编辑《中国民间藏瓷大系》丛书的京津卷和广东卷，专门到我家看藏品。这只黄釉大碗一摆出来，二位老师便赞叹不已。

他们上手研究一番，一致认为器物非常开门，造型周正，釉色均匀，是属于路份非常好、非常少见的康熙官窑大器。

金博士还说："类似这样的黄釉大碗，在北京故宫博物院和南京博物院都有收藏，但见到的是六字双行款，像这件六字三行款的，没有见过。东西真好，真是难得一见啊！'玫茵堂'名不虚传。"

郭馆长也说："故宫博物院和其他博物馆的东西不流入市场，市场能流通的不多，你能藏有这么一件，确实难得。"

在 2016 年香港苏富比春季拍卖会的特邀贵宾室里，我遇到了香港"敏求精舍"会员钟棋伟先生。"敏求精舍"是一个成立于 1960 年的收藏家团体，

以"研究艺事，品鉴文物"为宗旨，其会员是一群醉心于中国文物艺术品收藏的香港藏家。他们在中国书画及各种不同的文物范畴上，均有独特的收藏。

"敏求精舍"的成员既是社会栋梁之材，也是收藏界的知名人士。他们的藏品不但等级高，影响大，在一定程度上可以说享誉世界。"敏求精舍"现有会员不足50人，入会条件很高：首先个人藏品要有档次，其次人品要好，在发展新会员时还需原会员全票通过。胡惠春、关善明、徐展堂、葛师科、叶耀才等众多收藏界闻名遐迩的人物都是其会员。钟棋伟先生是知名大藏家，主要收藏门类是明清官窑瓷器，出版有《机暇明道：怀海堂藏明代中晚期官窑瓷器》《机暇清赏：怀海堂藏清代御窑瓷瓶》两套私人收藏图书，资料翔实丰富，对明清瓷器研究颇深。钟先生对我说："我在英国的大维德基金会见到一对与您藏品相近的康熙黄釉大碗，署六字双行款，供您参考补证。"钟先生非常热心，把大维德基金会藏品的展览图片发过来，以便我互相印证。

收藏的乐趣就是一群志同道合的朋友，互相切磋探讨学问，共同提高鉴赏水平。

2016年3月7日，广州花城古玩商会成立，香港张显星先生以及十多位省港古董界名人被聘为顾问，我也忝列其中。他们是行家里手，我是滥竽充数。张显星先生就是前文提到曾在美国明尼阿波利斯艺术学院举办过"清代康雍乾官窑瓷器《望星楼藏瓷》展览"的望星楼主人，看看那本《清代康雍乾官窑瓷器〈望星楼藏瓷〉》就知道他的藏品有多丰富，品级有多高了，他在古董收藏圈可是大名鼎鼎。星哥也藏有一只康熙黄釉大碗，在《清代康雍乾官窑瓷器〈望星楼藏瓷〉》叶佩兰撰写的前言里特别介绍："如口径 31.2 公分的康熙黄釉大碗，是八十年代唯一的一次经国家批准特许出口文物中的一件，原藏于北京故宫博物院，为清宫祭祀用品。"

商会成立晚宴隆重举行，群贤毕至，少长咸集。我作为顾问代表也登台祝贺——这是他们宠着我这个小女子的。

虽是久仰"望星楼"大名，但我跟张显星先生是初次相识。大家都叫他星哥，我也跟着混叫。他见了我就说："你那只黄釉碗买得好啊！"

"明清黄釉碗我有不少，不知星哥指的是哪一只？是不是去年底在香港佳士得秋拍竞得的正德黄釉官碗？"我回道。星哥说："是那只'玫茵堂'康熙黄釉碗。"

我大吃一惊，这已是几年前的事了。我一个默默无闻的小女子，几年前买的一件东西，也从未对外提起过，没想到星哥竟然知道。

星哥说："那只康熙黄釉大碗，六字三行横款，这样的款少见，款好啊！"

我还没回过神来，星哥接着又说："你拍的那只郎窑红瓶也不错。"我以为星

｜望星楼主人张显星（左）与冯玮瑜合影｜

| 阳光·黄釉撇口大碗 |

哥是指 2015 年在中国嘉德竞得的郎窑红小梅瓶。哪知星哥说："不是那件，我是说在美国波特兰美术馆展览过几年，在佳士得拍卖的那只郎窑红大瓶。"

啊！那是 2014 年的事了。我拍下这件也没对谁说过呀，他也知道？

星哥继续说道："你今年在华艺拍的那只康熙黄地青花五彩龙纹盘也很难得一见呐。"

啊！我吃惊得差点要跳起来。我在哪个拍场拍得什么东西他咋知道？连前些年拍得的东西都知道得一清二楚。

我默默地收藏，不声张，一举一动怎会落入他的法眼。还清楚地记得在哪一场竞得哪一件！如果说关注康熙黄釉大碗，是因为他也有一只，那么其他拍品呢？为何他好像对我的每次拍买都了如指掌？问题是我跟星哥现在才初次相识耶！

我与星哥，酒杯轻碰，笑语盈盈。一切是如此的不可思议，似幻似真。

收藏界里尽是卧虎藏龙的顶尖高手！他们都是人中龙凤。星哥更是出类拔萃，难怪如此成功。相比之下，我好像是飘于圈外，独行独立，活在自己的伊甸园里。我在拍场从不关心谁举牌拍了哪件，也从不记得哪件拍品落在谁的手中。我只在乎自己能否拍到看中的那件。

收藏，对我来说是自得其乐的事。

两只康熙黄釉大碗的主人，一个来自香港，一个来自广州，觥筹交错，人脸桃花。过往，我们素昧平生；今晚，我们相聚花城。

春雨如苏，人影迷离，今夕是何夕？

人已相聚，那两只大碗，可有聚首的一天？

时光流转，我与星哥时常相见，可两只大碗终是无缘相会。

2017 年 10 月 16 日，"黄承天德——明清御窑黄釉瓷器珍品展"暨"明清御窑研究中际学术研讨会"在景德镇中国陶瓷博物馆隆重开幕，13 件从故宫调拨到中国陶瓷博物馆的黄釉瓷器、13 件由景德镇考古研究所在御窑厂遗址出土标本和我所提供的 58 件明清御窑黄釉瓷器同时亮相，大放异彩。

这是国内首次由公立博物馆和民间收藏机构共同举办的明清御窑黄釉器展览。到场的学者、专家云集，从国际到国内，从学术界到收藏界，从行业到拍卖公司，阵容之鼎盛，前所未见。

景德镇市人民政府市长梅亦、故宫博物院器物部主任吕成龙、北京大学考古文博学院教授秦大树、陕西省考古研究院研究员禚振西、中国国家博物馆研究馆员耿东升、香港中文大学文物馆前馆长林业强、台北"故宫

博物院"研究员蔡和璧、中国台湾鸿禧美术馆执行长廖桂英、景德镇市考古研究所所长江建新、深圳市博物馆副馆长郭学雷、上海博物馆陶瓷研究部主任陆明华、中国艺术研究院研究员方李莉、望野博物馆馆长阎焰、中国嘉德国际拍卖有限公司陶瓷部总经理于大明、中国嘉德（香港）国际拍卖有限公司瓷器工艺品部总经理林威信（Nicholas Wilson）、中国嘉德国际拍卖有限公司四季拍卖陶瓷部总经理刘旸、广东省文物鉴定站站长刘成基、中国科学院高能物理研究所研究员冯松林、景德镇市东方古陶瓷研究会执行会长李峰、景德镇陶瓷大学副校长占启安、景德镇陶瓷大学教授曹建文、景德镇中国陶瓷博物馆馆长赵钢以及国内各大博馆、文博系统等100多名专家学者孜孜一堂，可谓盛况空前。

"震撼！"从专家到普通民众，这是参观者说得最多的词。

这只大碗以独立展柜陈展在展厅门口的当眼处，犹如一只硕大的金饭碗，熠熠生辉，参观展览的人们无不被它的风采所吸引。专家们、观众们纷纷与其拍摄留影，它成为明星展品之一，刷屏无数。

整个展览现场里一片明晃晃的黄色御窑珍品尽显尊贵，在业界掀起了持续的"黄釉热",我在北京和景德镇的两次高规格明清御窑黄釉瓷器珍品展引爆了收藏界的御窑黄釉瓷器收藏热潮。

千年古镇,气象一新。

数风流人物,还看今朝。

故宫博物院研究馆员、器物部主任吕成龙老师,专为此碗撰写了一篇学术论文:《清代康熙浇黄釉宫碗》,文中论述道:此碗除器型硕大少见外,三行六字的款识即使在故宫博物院、沈阳故宫博物院、南京博物院也较为少见,暂未有资料确认有同样的。(吕成龙老师的论文见本书附录1)

收藏续文脉，财富当传承

　　过去 10 年来，随着购买力的快速增长，中国百姓对自己的历史文化和遗产重新产生了兴趣，中国已经成为全世界最大的艺术品市场，目前全球 10 大拍卖行中，有 6 家属于中国。

——摘自英国广播公司（BBC）和江苏卫视摄制

《你所不知道的中国》（第三季）第一集

　　"皇承天德——明清御窑黄釉器特展"被称为是中国大陆私人藏家首次以序列形式收藏和展出明清御窑黄釉瓷器，序列基本接近完整，展品来源清晰，流传有序，精、真、美、雅俱全，为民间古瓷收藏带来一道靓丽色彩。

——摘自董子龙、鲁婧：《中和美色，"黄承天德——明清御窑黄釉器特展"

在京开幕》，人民网，2016 年 5 月 11 日

　　国学大师钱穆在《国史大纲》中写道："惟知之深，故爱之切。若一民族对其以往历史无所了知，此必为无文化之民族。此民族中之分子，对其民族，必无甚深之爱，必不能为其民族真奋斗而牺牲，此民族终将无争存于并世之力量。"

　　对于一个瓷器藏家而言，这真是极贴切的说法，也是极高远的追求。一直以来，瓷器都是中国传统艺术宝塔上的一颗明珠。从皇宫到民间，从华夏大地到海外，它令

无数人垂涎折腰。英文单词"China"既指中国，也指瓷器。可以说，中国陶瓷承载着过往的历史和文化，承载着艺术审美和工艺传承，出于对历史文化的认知和敬仰，源于对传统文化艺术传承的责任，收藏瓷器就是见证中国文明，传承中华文化。

首先，中国的古瓷器是一种手工制作的艺术品。我国幅员辽阔，窑址众多，有五大名窑和八大民窑。它们分布在不同地域，使用不同的胎土、釉料以及不同的烧成温度、时间和气氛，烧制出不同特色的瓷器。月有阴晴圆缺，人有悲欢离合；国有兴衰强弱，瓷器有藏释聚散。今天，世界各大拍卖场不断刷新中国古瓷器的成交价格纪录，藏家的财富也随之水涨船高。

其次，古瓷器更是一种文化载体。宋代瓷器素净优雅，器型简洁；元代瓷器鲜明亮丽，雄浑豪迈；明代瓷器彩瓷盛行，色彩缤纷；清代瓷器繁缛绮丽，精致奢巧。不同时代的不同审美观派生出不同风格的瓷器，也蕴藏着不同时代的文化气质。

随着艺术品市场从收藏型向投资型的转变，越来越多的人开始投资艺术品，古瓷器作为艺术品的一个重要门类，它的保值和增值功能被越来越多的人认知和放大。藏家通过构建藏品系列，对藏品进行重新整理、分类、考证、研究，发掘其中的历史价值、文化价值、市场价值，是对收藏文化的再创造和再升华。

参与收藏既是传承传统文化，又是传承财富的双雕之策。回望20年来之中国，投资房产的收益率绝对令其他投资项目望尘莫及。投资中国股市，大多数非专业人士都觉得"一半火焰一半海水"，难以把握。那还有什么保值增值的投资方式呢？近年，一些富豪陆续曝光了他们豪宅和办公室里收藏的艺术品，富豪们侃侃而谈他们收藏的艺术品价值增长了多少倍，家里摆设的某一件艺术品已经比豪宅还要贵！这才让人们如梦方醒，原来"收藏才是藏在你家的钻石"。自此，收藏在高净值人群中蔚然成风，并迅速扩散到中产阶层。在艺术品市场一波接一波涨潮的带动下，艺术品消费市场热度骤增，或许会成为下一轮财富"风口"。

黄釉锥拱缠枝莲纹梅瓶

第 2 章

万里归宗

一件

纽约大都会艺术博物馆旧藏

清代康熙黄釉锥拱缠枝莲纹梅瓶

入藏记

藏品：黄釉锥拱缠枝莲纹梅瓶　　　　　　来源：美国纽约大都会艺术博物馆旧藏
年代：清康熙　　　　　　　　　　　　　　　　　佳士得纽约 2016 年 9 月 15 日"美藏
款识：青花楷体"大明宣德年制"　　　　　　　于斯——大都会艺术博物馆珍藏中国
　　　　六字双行仿款　　　　　　　　　　　　瓷器"专场　编号 978
尺寸：高 36.2 厘米

2016 年 9 月，著名收藏家冯玮瑜收藏

　　此瓶胎体厚重，敞口外撇，短颈，丰肩，肩部以下渐敛，近足微外撇。瓶身锥拱缠
枝莲纹，图案飘逸洒脱，刻线有力流畅。全身施黄釉，黄釉中微见窑灰斑点。瓶底施白
釉，泛蛋壳青，有缩釉点和黑疵点。底足处理略见粗糙，内足底胎釉结合部微泛一圈火
石红。整件器物造型敦厚，其风韵与乾隆官窑截然不同，显得沉稳厚重，符合康熙时代
的工艺特点，带有康熙御窑的气息。

2016 年春拍虽已曲终人散，渐行渐远，但回响依然不绝于耳。"紫陌红尘拂面来，无人不道看花回"。

收藏界议论最多的，不是苏富比的琵金顿专场，不是佳士得那只宣德大龙罐，不是嘉德的雍正珐琅彩小杯，而是香港佳士得预展时惊艳亮相的那几件纽约秋拍展品，那几件美得让人陶醉，让人一见难忘的单色釉拍品。

更让人激动的是，所有这些拍品都来自一个更让人高山仰止般的出处：美国纽约大都会艺术博物馆。

纽约大都会艺术博物馆是全球最顶级的亚洲艺术品收藏机构之一，其亚洲部已有近百年历史，馆藏中国文物 1.2 万件。单是它们馆藏的豇豆红釉瓷器，就超过了中国大陆全部博物馆所藏总数。在收藏爱好者的心目中，纽约大都会艺术博物馆从来都是"高大上"的代名词，发梦也没想过会有这么一天：它的藏品可以拿出来公开拍卖出售！这就让许多藏家拥有一件海外大博物馆旧藏的梦想即将变为现实。

虽然香港预展仅展示了区区几件藏品，但惊鸿一瞥，已惊为天人，可谓"此曲只应天上有，人间能得几回闻"。

2016 年 5 月，香港春拍刚结束，黄少棠老师叮嘱我："大都会博物馆准备在九月份开仓放货了！这是一百多年来未有见过的，春拍后其他东西你就不要买了，准备'子弹'去纽约扫货吧。"

从业多年，见多识广的中国古陶瓷鉴赏专家、大行家黄少棠老师都如此看重这场拍卖，可想而知大都会艺术博物馆旧藏的分量了。

百年一遇，人生有几个百年？这是一辈子一次的机会。想当初我生年太晚，仇焱之专场我没赶上，赵从衍专场我没赶上，徐展堂专场我也没赶上，"玫茵堂"的最后一个专场时我才碰上，当时还不晓得"玫茵堂"的分量，只买了一件。这次纽约大都会艺术博物馆开仓放粮，"打土豪、分田地"，这回小女子总算有个机会去抢"粮"了。

七月，我到北京拜访"佳趣雅集"的召集人、自乐堂堂主张志大哥。马上就要到来的这场大都会博物馆拍品自然是绕不开的话题。张大哥建议我去纽约参加拍卖，机会难得啊。

八月，中国嘉德国际业务发展总监兼陶瓷部负责人于大明先生来广州征集秋拍拍品，也谈到了纽约这场拍卖，于总也问我看中了哪几件？

几天后，我到香港佳士得公司。唐晞殷小姐问我有没有预定纽约的酒店，听说酒店都订满了。

"全国古玩老货联盟"也以"开仓放粮，机会难得"专题介绍了"美藏于斯——大都会艺术博物馆珍藏中国瓷器"。"海外大拍联盟"也在微信群发布了相关信息。

微信朋友圈更是连篇累牍介绍这批大都会博物馆所藏拍品。

|美国纽约大都会艺术博物馆|

人人尽说大都会，个个争传中国瓷。

我对于收藏是信马由缰，拍得到固然可喜，拍不到也无妨。收藏，是开心的事，也是水到渠成的事，要看与拍品有没有缘分。收藏，是兴之所至之雅事，乘兴而来，兴尽而归。拍不拍得到，何足介怀，毕竟参与过，便无遗憾了。

春拍结束后的几个月，我不停地参加其他拍卖。除了瓷器外，看到喜欢的字画，我也会兴高采烈地拍回来，日子过得满心喜欢，管它冬夏与春秋。黄少棠老师的叮嘱，虽然心底记得，可一旦到了拍场，那个牌子自己就会举上去，根本就没储备着"子弹"。不是我金多，只是收藏是会上瘾的，金山银山也满足不了收藏的欲望。搞收藏的哪个日子不是过得像修行似的？即使在银行里堆满了白花花的银子。

小女子看得开，"欣于所遇，暂得于己，快然自足"，能于千万人中遇见你所要遇见的人，能于万千器物中选到自己心仪的器物，能于千万年中

| 著名中国古陶瓷鉴赏大家黄少棠（左）与冯玮瑜合影 |

黄釉锥拱缠枝莲纹梅瓶

遇到最合适的时刻。没有早一步，也没有晚一步，刚巧赶上。一切的一切，都只有两个字——机缘。

休问平生意气，一切随缘。

纽约佳士得这场"美藏于斯——大都会艺术博物馆珍藏中国瓷器"拍卖会，拍卖日期是 9 月 15 日，那天正是农历八月十五中秋节啊！人月团圆的良宵佳节，小女子独自在异国番邦，即使不凄凉，也是远离故乡家人。怎忍心在月圆之夜，"妆楼颙望，误几回、天际识归舟"。

去？还是不去？

自小就受教于三从四德的西关小姐，我犹豫良久，最终还是放弃飞去纽约，心想：就电话竞投吧。

那几天，我是"心在天山，身在沧州"。

纽约传回来的消息并非想象中那么震撼。让人惊艳不已的，也就只有香港预展那几件。其他的品质一般。据行家说，出自大都会的这批拍品，来源没问题，这批东西多来自捐赠，就品质与档次而言，除了个别康熙、雍正瓷器，大部分较为普通。

据纽约佳士得专家玛格丽特介绍："大都会处理藏品主要是为了丰富其购买资金。这次共有 501 件拍品，都是大都会自己挑出来的。大多是因为博物馆里已经有了重复的作品，或者品相存在缺陷，又或者质量上不符合大都会收藏瓷器的标准。"

我是这样认为的："大都会"的一般不等同于市面上的一般啊。从 2015 年的"安思远专场"、2016 春拍的"琵金顿专场"，到"临宇山人专场"，还有"坂本五郎专场"，凡是名家名人的收藏专场，均会拍个满堂红，形成"白手套"专场（"白手套"专场，指该场拍卖会所上拍的拍品能够全部成交，这是较少见的，也是拍卖公司和拍卖师的荣誉）。而且价格通常翻了多倍，大大超出拍前的预期。例如前一天"临宇山人旧藏专场"拍卖的建窑盏，居然拍到8 700万，那盏有多处瑕疵的，如果没有良好的流传记录断不能拍至此天价！可见今天的市场中，很多时候"名"比"货"更重要——这是一种新趋势。像书画一样，有多次出版著录的，价格比横空出世的贵多了。所以，我相信这场大都会专场一定会拍得非常好，在501件拍品里，难道就挑不到一两件好的？

对着图录，我圈选了五六件，请唐晞殷小姐联系纽约佳士得发《品相

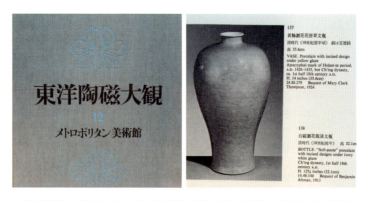

| 《东洋陶瓷大观》卷12之《大都会艺术博物馆》内页第137号为黄釉梅瓶 |

报告》给我。唐小姐非常热心，不仅发来了《品相报告》，还请佳士得的资深专家连怀恩先生对这几件拍品从不同角度拍下多幅照片，同时对我圈选的每件作品都附以非常详细的说明。

纽约预展期间，张志大哥在纽约发来几张编号为978的黄釉梅瓶图，连图录上没有印刷的底款也拍下发了过来，虽然底款写着"大明宣德年制"，但明显是伪托款。通过照片观察，底部胎釉似是康熙晚期，刻花较深，粗犷有力。张志大哥在微信中说："佳士得这件黄釉瓶子还不错，可以关注。"编号978正是我所圈定之一。连怀恩先生在微信中说："编号978是非常不错的拍品，釉色

及刻工都很好，肩部有一道釉裂。"
这是本场 501 件拍品里唯一的全
黄釉器，虽然图录将它编在后面，
但我早就盯上它了。

图录上注明：它曾出版注录
于《东洋陶瓷大观》卷 12 之《大
都会艺术博物馆》（日本讲谈社，
1977 年），编号 137。《东洋陶瓷
大观》是非常权威的陶瓷收藏书

玮瑜说瓷

釉裂：即瓷器烧成后的釉面产
生裂缝，是烧制过程中的缺陷。造成
这种现象的原因很多，例如釉的高温
粘度过大，与坯体不适应而引起釉层
蜷缩；釉浆用水不够干净，含有杂质
或油污，赔烧时杂质或油污挥发掉而
产生；器物入窑时未干透，含水份过
高，导致烧窑时窑内水气太多，使某
个位置釉面中间分层，造成釉裂现象。

籍，我家中也藏有这套书，经查阅，书中注明：这件黄釉梅瓶是"清时代
18 世纪前半顷"的，18 世纪前 50 年也就是康熙晚期、雍正及乾隆前期。

有权威出版注录，有张志大哥和连怀恩专家的推荐，中秋之夜，圆月
之时，小女子扬眉剑出鞘。

除了这件黄釉梅瓶，这场拍卖我还有几件心仪的拍品，一并下了电话
委托。从深夜 1 点多起就没消停过，一直在拍拍拍。深夜 3 点多，纽约的
电话又来了。

这件黄釉梅瓶，低估价是 1.2 万美元，我估计在 10 万美元以下能拿
到。开拍后，现场有人跟我争，一口紧似一口，很快就到了高估价，举牌
的节奏明显停了一下。我以为有戏了，没想到又有新买家加入。价格竟至
10 万美元，我加了一口，11 万美元，现场没人争了，以为可以收工睡觉，
不料冒出一个新的电话委托。老是有人纠缠，只得一口接着一口继续下
去……到了 15 万美元，我有点犹豫了。对方出了 16 万美元，我迟疑了一
下：17 万美元。对方没有声息，一阵长长的等待过后，电话里忽听现场
一片笑声，我忙问是不是下槌了？电话那边笑着回答："对方开车过隧道，

没有信号，要求等等他，拍卖师接受了对方的请求。"

哪有这个道理？拍卖现场举牌慢一点都可能敲槌给别人，哪有这样等着过隧道的！这拍卖师脑子进水了！气得小女子直跺脚。良久，对方又从隧道里钻出来出价了：18万美元。这个天杀的！

气得我杏眼圆睁，银牙咬碎！

"19万！"我憋着一口气，拼了！"东风吹，战鼓擂，现在究竟谁怕谁！"没想到那家伙从隧道钻出来只举一下就偃旗息鼓认怂了。

槌声一响，电话传来："恭喜你！拿到了！"

刀光剑影，血拼之下终于拿到了。

豪情渐消，悲情渐起：可惜我那2万呐！那可是美元呐！心痛得直想捶胸顿足啊！凭什么他过隧道，却要我多花2万美元给隧道费啊！

天空已由紫泛蓝，眺望远方的杨柳岸，晓风残月，"纵是举案齐眉，到底意难平"。

总算拿到了，小女子大清早在微信朋友圈发出感叹："圆月之夜，弯刀出鞘。纽约秋拍，激战正酣。临近尾声，'美在于斯——大都会艺术博物馆珍藏中国瓷'专场唯一的全黄釉器，从1.2万美元起拍，最终以19万美元落槌。终于拿下了这件，又在这个专场再拿多一件拍品。秋月随人意，

| 佳士得（香港）中国瓷器及艺术品部专家唐晞殷（左）与冯玮瑜合影 |

|佳士得纽约大都会拍卖会现场|

好梦又再圆。明晚，纽约继续……"

刚发出，便收到一片祝贺。张志大哥微信回复说："立件大器，又添佳品。觉得就应该是你的。"——知我者也。

唐晞殷小姐也说："能在大都会专场竞得拍品，多么不容易啊！那么多人争，真要恭喜你啊！"

据大都会内部消息：本次释出的大部分藏品来自 19 至 20 世纪著名经济学家、慈善家的捐赠，加上是大都会的馆藏，因此对于买家来说，货品背后的意义似乎显得更为重要。业内多数专家也认为：大都会出售馆藏，尽管没有特别重器，但是有传承且真实性可以保证。

文以人贵，字以人传。一件古物曾经的递传经历以及谁收藏过，其附加值甚至有可能远远超过这件东西本身。当然，达到这种境界的器物，本身品质自然也绝不会是普品。大都会馆藏能卖出高于市场的价格也是理所当然。19 万美元落槌，加上佣金，就要 23.3 万美元了，还没算运费呢，真不便宜啊！

古董流传过程中分分合合的故事和戏剧性，自然也会成为古董价值的一部分。

这件黄釉刻花梅瓶于 1923 年入藏大都会博物馆，馆藏已近百年，捐赠者是玛丽·克拉克·汤普逊（Mark Clark Thompson，1835~1923）。玛丽·克拉克·汤普逊女士是著名慈善家和收藏家，她的父亲在 1855 年出任纽约州州长一职，她的丈夫是著名银行家的儿子。汤普逊伉俪乐善好施，对多家宗教机构和教育机构不吝资助，大都会博物馆便得到了他们夫妇的大力赞助。此外，汤普逊夫人还赞助了动物园和妇女医院，出资兴建礼堂、养老院和图书馆，1903 年开设纪念丈夫的克拉克·汤普逊医院。1921 年，美国国家科学院以玛丽·克拉克·汤普逊基金会名义首次颁发玛丽·克拉克·汤普逊地质与古生物学奖章。

玛丽·克拉克·汤普逊女士还有一段传奇经历。1912 年，她原打算参加"泰坦尼克"号的首航，与摩根一样，在上船前的那一刻突然改变了主意，决定改赴荷兰参观郁金香花展。汤普逊女士也因此避过"泰坦尼克"号冰海沉船一劫。上帝在最后关头拯救了她！

汤普逊夫人对清代瓷器孜孜以求，特别偏爱单色釉瓷器，本场拍卖中几件重要的单色釉拍品就是她捐赠的，包括编号 897 康熙乌金釉凤尾尊（拍出 3.5 万美元），编号 925 雍正胭脂红釉碗（拍出 6.25 万美元），编号 927 雍正淡粉釉盘（拍出 30.5 万美元），编号 928 雍正胭脂紫釉碗（拍出 67.7 万美元），编号 966 乾隆白釉玲珑盖碗（拍出 19.7 万美元）。这不仅是价钱问题，更反映了收藏家的眼光。从藏品可知：玛丽·克拉克·汤普逊女士品味高雅，眼光精准，其藏品质量之高，令人叹为观止。编号 978 黄釉梅瓶正是她同批捐赠的藏品。这些都是她去世后整批捐赠、入藏大都会艺

术博物馆的。如果当时这些藏品不是整批入藏大都会，而是留到现在作为
一个专场拍卖，估计又是一个轰动天下的大藏家专场了。

　　2016 年 10 月，国家文物局扬州培训中心主任、扬州市文管办副主任、
中国文物学会常务理事、中国古陶瓷学会常务理事朱戢老师来广州参加一
个展览活动。活动结束后，国家文物出入境鉴定广东管理处副研究员许建
林老师盛情邀请朱老师和我到他家做客，做小范围的交流。朱老师与许老
师是老朋友了，我虽久闻朱老师的大名，却是初次相识。扬州文物培训中
心在业界内名声很大，很多博物馆、考古界的名人都与该培训中心有渊源。
朱老师桃李满天下，人却很谦和。大家畅所欲言，说起最近的收藏，我拿
出这只梅瓶的照片给二位老师品评，朱老师反问我："你自己怎么看？"我
说："清三代的，看胎，看造型，有康熙遗风。"朱老师吁一口气说："还
真怕你当成是明代宣德的呐。你眼光不错，确是清三代的。"许老师端详
着照片说："虽然是清三代，但不是雍正时期的，因为雍正的梅瓶腰腹部
更加挺拔一些。"

　　2016 年 10 月 27 日，中国嘉德在深圳举办"中国嘉德 2016 秋季拍卖
会·深圳巡展"，中
国嘉德拍卖董事总
裁胡妍妍设"嘉宴"
专请广东地区重要
的藏家朋友，我有
幸获邀参加。宴开
二席，一席书画，
一席瓷器。我右边

| 国家文物局扬州培训中心主任朱戢老师（左）、国家文物出入
境鉴定广东管理处副研究员许建林老师（中）与冯玮瑜合影 |

邻座是陶瓷部于大明总经理，左边邻座是深圳望野博物馆馆长阎焰老师。

阎焰老师是高古瓷研究的专家和大收藏家，一边大手笔收藏，一边深入研究。既开设博物馆，又出版研究专著，在业界内享有大名。他于当年五月举办的"知白守黑——北方黑釉瓷精品文物展"及"北方黑釉瓷研讨会"，国内各大博物馆的专家以及陶瓷界的泰斗耿宝昌老师和大收藏家葛师科老师悉数到场，阎焰老师的号召力可想而知。

我与阎焰老师是好朋友，我们这一席俱是爱瓷之人，聊起来的话题当然还是瓷器。我们互相交流心得，说起大都会这场拍卖，我说收了这件黄釉梅瓶，阎老师一拍桌面，惊讶地说："哎呀，这件黄釉瓶我在纽约还上手仔细看过，东西非常好啊！当时拿着这个瓶子，脑子里突然蹦出一个念头，这件东西应该归你的，还有马上打电话给你的冲动。没想到还真是你买去了！世间真有那么巧的事啊！"

"啊？为什么该归我呢？"

"这梅瓶非常好，刻花流畅，刀工好，这么好的黄釉器，也该你才配拥有。你的黄釉官窑系列收得非常好！"

我说起"隧道费"的事，阎老师摇着头说："不能这样看。如果你当时不拿下来，过后你就会后悔到睡不着觉的！这不是高了两万，而是它的价值本身就到了这个价。因为不光你一个人出价，其他人也在争抢，别人都会有个价格判断，差这一口价就不属于你了。而这件梅瓶，就以你的成交价作为定价标准了，从今以后不会低于你的成交价了。大都会博

| 深圳望野博物馆馆长阎焰老师（右）与冯玮瑜合影 |

物馆的馆藏品极少释出，以后很难有机会碰到，一点都不贵，也许世间只这一件。"

阎老师接着介绍说："纽约大都会艺术博物馆在美国艺术品收藏界的地位，相当于中国的故宫博物院了，无出其右。这是大都会艺术博物馆建馆以来第一次出售馆藏中国艺术品，能收藏它的馆藏品，真是缘分啊！"

"人生若浮萍，聚散皆由天。"离合似前定，我们为它忙忙碌碌，说不定冥冥之中都是它安排的，不是说器物会找人吗? 几位老师都说一见到它就觉得应该属于我，如此说来真是缘分啊。

此瓶虽高达 36 厘米多，却不见清三代后期乾隆的臃肿，其造型挺拔厚重，瓶身满刻缠枝莲纹，图案飘逸洒脱，不见乾隆的程式规范刻板呆工，刻线有力流畅。全身施黄釉，黄釉中微见窑灰斑点。实物釉色与图录的颜色差异较大，图录釉色透明清亮，而实物颜色却显得老气些。瓶底施白釉，泛蛋壳青，有缩釉点和黑疵点。底足处略见

玮瑜说瓷

缩釉：是瓷器的釉面缺陷之一。指釉面某处在烧制时因某种原因发生向四边收缩，中间一点缺釉露出胎骨的状态，缩釉点小的如针孔状，大的如米粒状。

粗糙，足底胎釉结合部微泛一圈
火石红。该瓶胎体厚重，敞口外
撇，短颈，丰肩，肩部以下渐敛，
近足微外撇。整件器物造型敦厚，
风韵与乾隆官窑截然不同，显得

玮瑜说瓷

敞口：也称为侈口，是瓷器口
部形状之一。形状为瓷器近口沿处
逐渐开阔宽敞，常见的器物有碗、盘、
罐、尊等。

沉稳厚重，符合康熙时代的工艺特点，带有康熙御窑的气息。

  2016 年 10 月 30 日，中国嘉德主办、融熙文化协办的"中国嘉德
2016 秋季拍卖会巡展——广州融熙站"在广州举行。嘉德瓷器部的温华
强也随行来到广州巡展现场，聊起大都会这件黄釉梅瓶，小温说："预展时，
我上手看过这个黄釉梅瓶，东西不错，康熙的开门货。"

  "我也是这样认为的。我把这件梅瓶跟自己所藏的多件康熙黄釉器一一
对比，发现胎、釉、底釉都有同样的工艺特征，而且仿款的青花色泽灰暗，
笔法虽是仿宣德，但流露出康熙官窑写款的某些特点。"我回答说。

  "其实也不用那么复杂。这件梅瓶特别开门，光看造型，就可以定为
康熙了。康、雍、乾的梅瓶在工艺上各有特点，在细微处有差异，如果你
认真观察可以看出来。大都会这件梅瓶，因为我自己上手过，也仔细看过，
完全具备康熙朝的特点，确实是康熙的。"小温还仔细介绍了康、雍、乾
三朝梅瓶的不同工艺特点，让小女子受教了。

  我收藏黄釉器，最初就是从康熙黄釉器入手的，因此对康熙黄釉器的
研究还是下了一番苦功。康熙处于清代入关之初，防范极严，对黄釉器的
使用极为严格，任何人不得僭越，所以康熙的黄釉器，全是官窑器。而康
熙时期由于淘练胎泥不够精细，导致黄釉瓷器面常有铁元素析出，在釉面
形成黑疵点，而底部釉面，也常有缩釉点。

黄釉锥拱缠枝莲纹梅瓶

2016 年 11 月 11 日，我应中国嘉德之邀来到嘉德秋拍现场，为"嘉德讲堂"作《御用陈设瓷的荣光》讲座，分享收藏心得。我提前一天到北京，10 日晚上，专门约请故宫博物院研究馆员、器物部主任吕成龙老师小聚。我把这件大都会黄釉梅瓶拿出来给吕老师审看。本来故宫博物院是不允许院内在职专家到社会上做鉴定的，因为吕老师担任《皇家气象：自得堂藏明清御窑黄釉瓷器》一书主编，这件黄釉梅瓶也将录入该书，故得此一见。作为主编的吕老师工作认真负责，对书中录入的每件器物都要亲自把关审定，验明真赝，所以这件梅瓶也要经吕老师验明正身。

梅瓶刚拿出来，吕老师吃了一惊："这么大？"

"是的，是个大瓶，36 厘米高。"我说。梅瓶摆好后，吕老师亲自上手，上上下下、里里外外、仔仔细细验看一番，肯定地说："康熙的。"

"吕老师能说说依据吗？"吕老师解释说：

第一，造型挺拔，符合康熙时期的特点；第二，从足部露胎处可以看到，胎体坚实，敲起来声音清脆，可知胎体紧密坚致；第三，通体刻同一种纹饰，梅瓶较少见通体只饰一种纹饰者，一般都分层描画不同纹饰。但故宫也藏有类似用青花通体描画这种纹饰的梅瓶，带有康熙底款，二者纹饰极为相似，可以断定为同一时期的产物；第四，刻工极为流畅舒展，飘逸潇洒，与雍、乾的精细、对称、刻板完全不同，是康熙瓷器的风格；第五，足内施亮青釉，有缩釉点，符合康熙御窑瓷器的特点；第六，底款虽写'大明宣德年制'款，但款识的写法有康熙的韵味，承德避暑山庄也藏有这种仿款写法的康熙瓷器，资料上可以查到。由于有以上六点，所以确认此瓶为康熙御窑产品。

小女子年轻识浅，吕老师"苟以为可教而辱教之，又幸矣"！

吕老师还特别赞赏说："故宫博物院也藏有类似造型的梅瓶，但没有施黄釉者，你能藏有这一件，真是难得啊！"我说："这瓶可是花了24万多美元拍下的呐，还没含运费税费，不便宜啊！"

吕老师算了一下说："不就200万人民币还不到吗？一点不贵！够便宜了。你想想，故宫博物院都没有的东西，又是大都会出来的，这个价格算便宜了！东西好啊，又少见，我要专门为它写一篇论文。"

想吕老师在故宫博物院工作三十多年，见宫里宝物无数，这件黄釉梅瓶难得打动了吕老师，竟要亲自为它写论文，真令人开心不已。

| 故宫博物院器物部主任吕成龙老师（左）与冯玮瑜共赏黄釉梅瓶 |

——"泰坦尼克"号幸存者、慈善家和收藏家玛丽·克拉克·汤普逊女士的旧藏；

——美国纽约大都会艺术博物馆的百年旧藏；

——有 1977 年日本讲谈社出版的《东洋陶瓷大观》的注录；

——经吕成龙老师鉴定确认的康熙御窑瓷器。

这么多故事集于一身，这样的器物世间能有几件？

真是喜从天降，阿弥陀佛！

我心花怒放：从大都会艺术博物馆入藏这件充满故事的康熙黄釉梅瓶，是一件多么令人高兴的事啊！当浮一大白！

多两万美元算什么！

2017 年 12 月中旬，适逢北京超级拍卖周。嘉德、保利等十多家拍卖行同时集中举办拍卖活动，收藏界的各路朋友云集京城，各个拍场人潮如鲫，躁动不安。收藏江湖的龙争虎斗即将上演。

中汉拍卖公司 2017 年秋拍也在这时举行。在 12 月 16 日晚，中汉董事长卞亦文设盛宴招待我们，同桌的一个同行过来敬酒，我一下子没想起来是谁，他说："你忘记了？ 2015 年"佳趣雅集"成立酒宴，我们还同一桌吃饭呢。"我在大脑中迅速搜索，好像是有这么个人。见我还有点模糊，他狡黠一笑，说："还记得大都会博物馆那件黄釉梅瓶吗？那个从隧道里出来竞价的就是我。"

"啊！"原来是你！一股积郁已久的怒气蓦地从丹田涌上来，冤有头债有主，好哇！原来这家伙是"真凶"！

我认真打量，只见他光光的脑袋，尖尖的下巴，一双透着精明的眼睛，略带谄媚的笑脸。他笑言："那时我刚好在洛杉矶过隧道，电话信号不好，我就叫拍卖师等等，只等了几分钟。"

| 胡瑞泽先生（右）和冯玮瑜合影 |

"还几分钟？那是多么漫长啊！"我狠狠地瞪着他，真想踹他一脚。

"我不知道是你呀。"他满怀委屈地说："你看，每一次我看见你举牌，我都让给你，不去举了，因为知道最终结果都是举不过你的。真的不知道是你啊，而且那件也不是我自己要买，是帮一个老板举的。那老板要开博物馆，说无论举到多少钱都要。后来我劝他不要争了，他才放手的。好在最后还是你拿到了。"他一副做了不该做的事、痛心疾首的样子。

在旁边的卞总也起身说："不打不相识。你还不知道他吧，这 10 年中国古董收藏界的江湖内幕，没有一件是他不知道的。他叫胡瑞泽，是美国著名的行家，也是出了名的掏老户。过去 10 年，他把日本的老户都掏光了，现在又到美国掏货了。"后来得知，胡瑞泽先生其实是美国一家拍卖公司的老板。他非常诚恳和热情地说："下次纽约拍卖时你到美国来，我一定好好接待。"

本来我就是一个快意恩仇的人，看在他主动坦白"作案"经过的份上，看在他毫不知情的份上，看着他一脸无辜的样子，我心里轻轻地叹口气："算了，抗拒从严，坦白从宽，饶恕他吧，宽恕这只迷途在美国的小羔羊吧。"我们轻轻地一碰杯，满满的一口酒，杯酒息恩仇，过去心里的不快一扫而光。度尽劫波兄弟在，相逢一笑泯恩仇。从此云淡风轻，再见也是朋友。"明天诚轩拍卖有一只雍正柠檬黄釉杯，不知你有没有注意，我明天会去举那只杯子。"胡先生说。

"啊?"那只杯子也是我看中的，毕竟我是收藏黄釉系列的嘛。初次相识，礼让于人。胡先生既然那样说，那我就不参拍那只雍正柠檬黄釉杯子了，青山不改，绿水长流，机会还会有的。第二天我虽然一直在诚轩拍卖的现场，但没有出手那只雍正柠檬黄釉杯子，不知道他最后有没有竞得。

山穷水复，柳暗花明。收藏的故事就是这么曲折精彩。

把这件造型雄浑、雍容气派的康熙黄釉梅瓶陈设在柜架上，气势恢弘，贵气迫人，一派庙堂气象，自有一种摄人心魄的魅力。

皇家御用之物，果然不同凡响!

百年前从中国远去西洋，百年后又回归中国。当年到洋女子手上去，今日回小女子手上来。百年轮回，幸得此身无恙。

百年离合，久分必合。王者归来，万里归宗。

从纽约大都会艺术博物馆来到我家，未必输于寄身异邦。未来的故事，当与小女子一起续写。

大风起兮云飞扬，威加海内兮归故乡。

故宫博物院研究馆员、器物部主任吕成龙老师言而有信，果然为此梅瓶专门撰写一篇论文：《浇黄釉锥拱缠枝莲纹梅瓶》，通过观察实物，经过分析、对比、考证，确定此瓶确为康熙御窑器，且故宫也没有收藏同样的。(吕老师论文见本书附录2)

玮瑜谈收藏与理财

买房富一生，收藏富三代

《广州日报》记者林琳：工薪阶层也能收藏艺术品吗？

冯玮瑜：只要有一定的经济能力的都可以收藏。在我们身边，在房产、股票市场中进行投资的家庭比比皆是，但很少有家庭会拿出一定比例投资艺术品。其实艺术品能给我们带来精神享受的回报，也能带来价值的回报。由古至今，艺术品收藏都不是一个新鲜事物，也不仅仅是有钱人的游戏。收藏是每一个人追求财富自由和精神自由的必经之路。

——摘自林琳：《从收藏角度指导投资，从女性审美看待艺术品》，

《广州日报》，2017 年 8 月 4 日

她以收藏理财燃灯人的身份，将突破性地把高净值人群关注的两大领域——收藏与理财——完美地融合在一起，生动地阐述了艺术品金融与品味经济学的魅力与价值。

——摘自《全球顶级拍场亲历者冯玮瑜新著揭秘收藏界》，

《深圳商报》，2017 年 7 月 16 日

人们大多以为，收藏有钱就行！其实不然，我们见到一些成功的企业家，花大价钱收藏了一批赝品，成为"国宝帮"还不自知，投进去的这些钱就这样没了，

真让人痛心！而一些成功的收藏家，也是花了大价钱，却买下了一批博物馆级的艺术品，时至今日已经翻了多倍，例如刘益谦、五台山人等。也有一些眼光远大的行家，通过从欧洲、日本等海外渠道购藏艺术品，然后通过拍卖等商业流通方式释出，也赚得盘满钵满。更有一些极具眼光的收藏家，以其过人的胆识和眼光入藏别人还没发现的生货，然后通过考证来发掘藏品的来源和意义，大大提高了藏品的价值。

所以，一件可以流通的艺术品，除了具有艺术性外，还具有金融属性。收藏一件艺术品，除了享受艺术带给我们的愉悦外，还有投资理财的功能。

最近收藏理财成功的例子是2017年7月15日一件青铜器兮甲盘以2.1275亿元人民币成交，由30万元购得到2亿元卖出仅仅用了5年，这当然很励志，但也是个特例，这样的事不是每一个收藏者都能碰到的。就算碰到了，你当时有没有这样的眼光和胆识还是一个问题。这样高回报的背后正是收藏行为，我们还能忽视收藏的投资理财功能吗？

在某些人眼里，艺术是高雅的，金钱是肮脏的，收藏与理财不能混为一谈。我的观点是，收藏是需要投入资金的，资金是有成本的，有成本就会追求回报。由此可见，收藏也是一种理财方式。

正确的收藏理财首先应该确保不买入赝品，防止本金的损失，然后根据艺术品市场的情况和自己的爱好，合理配置艺术品种类，合理投入资金进行购藏，在持有一段时间后，通过藏品在交易市场的流通，获取投资收益。如果收藏得当，在获得心身愉悦的同时，还能让藏品保值增值，这样的成功例子多不胜数。

中国人的理财方式并不多，改革开放前只有定期存款，改革开放后开始有国债、股票、基金，直至理财产品及房产投资，随着人民生活水平的提高，个人所拥有资产的增多，对自己的资产如何配置才能保值增值的问题摆在了很多人面前，理财做得好，个人资产就会不断增值，反之，资产就会逐渐缩水。

股票是银，房产是金，收藏就是藏在你家的钻石。艺术品收藏是继股票、房产之后的资产配置。国外的艺术品，多由家族基金、艺术品基金持有，说白了，从投资的角度看，艺术品就是一个金融产品，或者是一个类金融产品。

艺术品收藏理财有它的特点：一是非标准化产品；二是持有时间长；三是变现不方便；四是市场赝品多；五是投资回报率高。

根据这些特点，结合个人的资产情况，合理在股市、房市和艺术品市场进行有效的配置，争取个人资产的保值和增值。现在有句流行语：买房富一生，收藏富三代。买房能否富一生？不好说，因为受政策影响比较大，但买房解决了居住问题，实现了安居乐业的人生首个目标，这一点毋庸置疑。而在股市、房市后再进行收藏理财，除了提高艺术修养、陶冶性情外，财富也可以通过艺术品来进行家族传承。

收藏与理财是互为表里的关系，艺术品不仅是文化的本体，也是财富的载体，艺术品不仅可以用来欣赏，还能为我们创造财富。收藏与理财是鱼和熊掌可以兼得的，认识到这些，世间还有什么事情比收藏更美妙呢？

收藏，并非遥不可及。他人的故事，也并非不能复制。

如果你把它看成是兴趣，你确实会从中得到无限的乐趣。如果你把它看成是投资，那么它是可以陪伴你一生的投资。

| 冯玮瑜与黄釉锥拱缠枝莲纹梅瓶 |

| "琵金顿"旧藏明代弘治黄釉盘 |

第 3 章

三元及第

一只

英国"琵金顿"（Pilkington）旧藏

明代弘治黄釉盘

入藏记

藏品：娇黄釉盘

年代：明弘治

款识：青花楷体"大明弘治年制"六字
　　　二行外围双圈款

尺寸：口径 21.5 厘米

来源：Eustace Benyon Hoare 旧藏

　　　Bluett& Sons Ltd 旧藏

　　　Ashley Cowan 旧藏

　　　Alan Roger Douglas Pilkington 旧藏

　　　香港苏富比 2016 年 4 月 8 日"琵金顿中
　　　国艺术收藏"专场　编号 27

2016 年 4 月，著名收藏家冯玮瑜收藏

　　该盘制作严谨精妙，釉色匀净，清澈透亮，如一泓鸡油，娇嫩莹润，散发着晕散的光芒。此盘胎体坚薄，见有窝底，署青花楷体"大明弘治年制"六字二行外围双圈款，字体清秀。此盘流传有序，递藏记录清晰，都是著名大藏家或古董商的旧藏。

《明史》记载："明有天下，传世十六，太祖、成祖而外，可称者仁宗、宣宗、孝宗而已。仁、宣之际，国势初张，纲纪修立，淳朴未漓。至成化以来，号为太平无事，而晏安则易于耽怠玩，富盛则渐启骄奢。孝宗独能恭俭有制，勤政爱民，兢兢于保泰持盈之道，用使朝序清宁，民物康阜。"

明孝宗弘治皇帝朱佑樘，是明代历史上少有的"有道明君"，他缔造了明代中期的"弘治中兴"局面。

皇子皇孙，生于皇家，长于皇家。本应锦衣玉食，享不尽的荣华富贵，过着神仙般的日子——这是世人对皇室生活的想象。但弘治恰恰相反，自小经历重重磨难。

弘治的父亲成化皇帝，自小因父亲英宗被俘、被囚、被幽禁而担惊受怕，饱尝一夕数惊的痛苦经历。成化也曾被景帝废掉皇太子位，甚至差点被景帝借故杀掉。成化在这样朝不保夕的环境中长大，柔弱感性，才会发生沦为后世谈资的畸形姐弟恋：成化爱上了自他出生就照顾他、年长他17岁的宫女万贞儿。他的童年和青少年都是在万姐姐的呵护下度过。只有躲在万姐姐的怀里，成化皇帝才有安全感，才能感受到人间尚有温暖。这位万姐姐，就是后来大名鼎鼎的万贵妃，成化皇帝也因专宠万贵妃差点无子嗣。

为何？因为38岁的万贵妃生下皇长子后不久，孩子就夭折了。之后她没能再次怀孕。于是因专宠而妒悍的万贵妃，只要有妃嫔怀孕，便会想

方设法使其流产。当时，柏贤妃偷偷生下了皇次子。皇次子在被封为悼恭太子后不久就突然暴卒，众人皆疑为万贵妃下毒所害。但成化皇帝对万贵妃宠爱如故，万贵妃也依然专横跋扈、有恃无恐。一来二去，弄得成化皇帝竟无子嗣。

那么弘治又是从何而来？——偷生的。小弘治虽然生于深宫，长于内苑，贵为皇子，龙子凤孙竟也自小经历苦难重重——简直难以置信。

对于小弘治苦难的童年，《明史·孝穆纪太后传》中有详细记载：弘治的生母纪氏，本是广西一位土司的女儿，土司在成化年间造反被朝廷平定，纪氏被俘获，因她年纪幼小，被送入宫中做杂役下人，身份低微。因她是土司的女儿，自小受过教育，知书识字，为人又聪明机敏，后被安排负责看守皇家内库。

有一天，成化皇帝心血来潮，到内库查看自己的身家，纪氏负责接待。成化皇帝见纪氏将内库管理得井井有条，数目清晰，应答得体，一下子被

她吸引住了。他大为欢悦，遂幸之。过后，成化皇帝就忘了此人此事，可春风一度，纪氏珠胎暗结。万贵妃闻讯，非常恼怒，命令一位宫女去为纪氏堕胎。纪氏平素人缘很好，派来的宫女不忍下手，回报万妃时谎称纪氏是肚内长了瘤子而不是怀孕。万贵妃仍不放心，下令将纪氏贬居安乐堂（安乐堂原为明代安置无权势、重病垂危太监之所，后来重病将亡的宫人也送来此处。待病亡后火化，不欲遗骸污染宫禁）。纪氏在万贵妃的阴影下，于安乐堂中偷偷生下了婴儿。万贵妃闻讯又派太监张敏去溺死新生皇子。张敏大惊："皇上还未有子，奈何弃之。"所以张敏不仅没有照办，反而冒着性命危险，帮助纪氏将婴儿匿藏起来，每日用米粉哺养。被万贵妃排挤废掉的吴皇后贬居西内，邻近安乐堂，密知其事，也常过来帮助哺养婴儿。万贵妃曾数次搜查，都未找到。而成化皇帝居然对此一无所知。

荏苒六载，一干人等冒着天大的风险，小心翼翼地将小弘治抚养，直到六岁都未敢剪胎发。

深宫内院，隔墙有耳，欺君之罪是要被杀头的，要保护一个不懂事的孩童不被人发现，且长达六年，这是多么的不容易啊！一声婴儿啼哭，都可能祸起萧墙。小弘治能在深宫内院里成长而不被权倾内官的万贵妃搜获，可见众人花了多少心血来保护他。自悼恭太子死后，成化一直没有子嗣，大明皇朝没有继承人，朝廷上下无不深以为忧。

成化十一年，张敏为成化皇帝梳头时，成化见自己已有白发，不禁对镜叹息："老之将至，可惜我还没有儿子啊！"张敏抓住这千载难逢的时机，连忙伏地，冒死禀奏说："我隐匿不报，死罪啊！万岁已经有儿子了。"成化非常愕然，连忙追问究竟。张敏说："我只要说出来，立即就会没命的，希望万岁爷做主。"说毕，伏地叩头不已。

太监怀恩也在一旁顿首说道："张敏说的是真的！皇子潜养西内，今已六岁矣，匿不敢闻。"成化听罢，大喜过望，头发也顾不得梳好，马上起驾前往西内，立即派使者去接皇子过来，他在西内立等。

使者突然来到时，纪氏乍闻消息，如当头霹雳，又惊又喜，又苦又悲。苦养六年，就盼能有父子相认的一刻，希望儿子能有出头的那一天。当这天突然来临，又让人担惊受怕——万贵妃专横跋扈，有恃无恐，母子命悬一线，福祸实不可知也。纪氏悲喜交集，抱着小弘治哭诉："儿啊，今日你去见父皇，可我就不会有命留在人世间了……儿啊，当你见到穿黄袍有胡须者，就是你的父亲了。"纪氏一边哭一边帮小弘治穿上小红袍。小弘治乘坐小舆，被众人簇拥至阶下。他虽然头发披地，却十分乖巧，自己扑向成化怀内，扯着成化叫"父皇"。成化抱起小弘治，置于膝上，仔细端详，抚视良久，激动得泪流满脸，说："确是我的儿子啊！像我，真像我！"

这是成化第一次见到自己长期匿养于安乐堂、胎发拖至地面的瘦弱幼儿，不禁泪流满面。

民间小儿周岁胎发已剃，因小弘治是匿养，不敢妄剪，竟至胎发拖地。这是皇子啊！尊贵无比的皇子啊！是大明皇朝未来的接班人啊！

贵为皇帝皇子，同在深宫，却咫尺天涯，商参不见。一个拥有大明江山天下，要风得风，要雨得雨；一个贵为龙子龙孙，却是黑人黑户，草间偷活。父子相认，竟要六年之久。成化抱着小弘治，看了又看，亲了又亲，激动得涕泪纵横：万万想不到自己居然有儿子了，大明皇朝终于后继有人了！

成化喜出望外，立即命太监怀恩去内阁通知众臣，说明真相。众大臣突然听闻皇上已有皇子，因万贵妃造成大明皇朝后继无嗣的担心一扫而空，无不大喜过望。

第二日，群臣入贺，成化颁诏天下，立小弘治为皇太子。一时满朝喜庆。成化并封纪氏淑妃，移居永寿宫，数次召见。小弘治的出现给万贵妃沉重一击。万贵妃气得日夜怨泣，恨道："这群小人欺骗我！"同年六月，纪淑妃暴毙。太监张敏听到消息，惊惧不已，他明白是万贵妃下的毒手。太子生母尚且如此下场，自己哪还会有生路？当晚吞金而死。

可怜才六岁的小弘治，刚刚父子相认，喜从天降；转瞬慈母被害，祸生旦夕。六载相依为命，从此阴阳永隔。一喜一悲，同时落在一个小小的六岁孩童身上，如何禁受得了？仅仅是与父亲相认，就导致母亲被害，太监张敏被迫自杀，这些过去保护他成长到六岁的人，自小教导他成长的人，从此不会再陪伴在他身边了，不能再去保护他了。从此，他孤苦伶仃。这会给一个六岁孩童内心带来多么大的惊骇和伤害！

慈母见背，往后的日子，茕茕独立，形影相吊，宫廷的勾心斗角，你死我活，让六岁的小弘治如何面对？可这是六岁的小弘治今后必须面对的日子。

不仅如此，母亲被害后，万贵妃的毒手还会不会伸向毫无自我保护能力的小弘治呢？

成化皇帝的生母周太后见势头不对，担心皇孙小弘治再被暗害，于是将小弘治抱到自己居住的仁寿宫，亲自抚养，严密保护起来。即便如此，他的太子之位也差点因万贵妃使坏给"易储"了。

孟子曰："故天将降大任于斯人也，必先苦其心志，劳其筋骨，饿其体肤，空乏其身，行拂乱其所为，所以动心忍性，曾益其所不能。"

虽然弘治小小的心灵经历了那么多的折磨，但童年的不幸并没有化成

戾气，而是让他更理解人间疾苦，更体谅别人。弘治与同是在童年历经坎坷的父亲成化皇帝完全不同，弘治皇帝为人宽厚，体恤民生，任用贤良，轻徭薄赋，恭俭有制，成为一代明君。弘治一朝的财政收入和国民生产总值都是整个明朝的高峰，史称"弘治中兴"。

弘治还是中国历史上唯一一个"一夫一妻"的皇帝，绝无仅有！

明清每一个朝代的瓷器，都与皇帝的政治态度、文化修养、欣赏意趣紧密相连，其器型、纹饰、款治、釉色等方面，在各时期也有相应的变化。

中兴之主，自有不同气象。故弘治时期的黄釉独出机杼，傲然成为明清两代黄釉的最高峰，其实展现的是时代的气象。

弘治厉行节俭，多次减烧御瓷以缩减国家财政开支，据《明史·本纪第十五孝宗》载："弘治三年冬十一月甲辰，停工役，罢内官烧造瓷器。"所以，弘治时期的瓷器传世并不多见，却虽少犹精，特别是黄釉瓷器，釉色清澈娇嫩，独步于明清二朝，成为黄釉瓷器之冠。

弘治瓷器制作精良，据我近年在拍卖场所见，弘治御瓷未见有粗制滥造的，无论是黄釉器、青花器，还是白地绿龙器等。这跟弘治所处的年代有关，瓷器有"明看成化"之称，成化瓷器制作精细。成化淡描青花世间传诵，成化斗彩天下驰名。而弘治紧接成化，政权父子相传，御制瓷器也得以继承成化时期的品质。工匠能力、艺术水平也得益于成化朝打下的基础。到了弘治一朝，励精图治，政治清明，经济发达，朝廷有足够的财力保证

玮瑜说瓷

斗彩：指釉下青花和釉上彩色相结合的一种瓷器装饰工艺。先用青花在坯胎上勾描出纹饰轮廓，然后罩透明釉入窑高温烧成青花瓷，再于瓷器的釉上青花纹饰轮廓线内留白处填画各种彩料，完成彩色图案，复入窑低温二次烧成。

御瓷的质量。但弘治皇帝体恤民力，倡导勤俭，屡次下旨减烧或停烧御用瓷器，所以弘治御瓷传世不多，被后世公认为明清两代最高峰的黄釉瓷器更为历代藏家所器重。

据小女子在景德镇收集的瓷片标本观察，弘治瓷器胎体偏薄，而且胎身与圈足连接处也是薄削的，因而显得秀气。我反复比较自己收藏的数件藏品，均具有同一特征。我也曾反复上手过近年苏富比、佳士得上拍过的弘治黄釉瓷器，也同样具有这一特征，可见这是当时的制作规范，这可参考作为弘治黄釉盘的特征之一。

2016 年 4 月 6 日，香港苏富比隆重推出了"琵金顿中国艺术收藏"专场：一个英国贵族 60 年秘不示人的旧藏终于出现在拍卖场。

为了琵金顿专场，苏富比单独出了两本图录，可见其重视程度，宣传上到处可见：这是欧洲最后一个老藏家的释出，以后再也没有了。我问苏富比亚洲区董事李佳女士："既然这是最后一个，你们以后还拍什么？苏富比以后怎么办？难道以后不拍了？"

李佳正色说："这确是最后一个欧洲大藏家的旧藏，而且是珍藏 60 多年从未露面的，以后不会再有。这么完整的专场，这样级数的老藏家，再也找不到了。以后只有散货了。"

艾伦·罗杰·道格拉斯·琵金顿（Alan Roger Douglas Pilkington）是英国贵族，曾参与家族生意，后移居威尔特郡奥尔德家族农场，喜射击、垂钓、骑马竞赛、醉心艺术收藏。

琵金顿于 1958 年开始收藏，1969 年猝然

| 苏富比琵金顿图录 |

| "三元及弟" —— 三只弘治黄釉盘 |

离世，虽然仅有十年，却成为中国瓷器收藏的翘楚，傲视同侪。

著名学者康蕊君在《琵金顿：慧眼赏菁华》一文中写道："御瓷，制作皆严谨精妙，然而琵金顿收藏却更独具慧眼，所选藏品，举目拍卖市场、博物馆及私人收藏，均无可与之相提并论者。"

看了图录，顿觉此言不虚。琵金顿藏品的等级之高、制作之精美，极为罕见，特别是在区区十年内，将这些精品搜集在一起成为个人收藏，要多么超卓的眼光和雄厚的财力啊，真让小女子佩服不已。他的藏品水平代表着英国老一辈藏家鉴赏中国瓷器的品味。这批琵金顿旧藏真好啊，那件宣德军持壶、成化青花宫碗……皆是世间少见，精美异常，都是亿元级的拍品啊！

"60 年的秘藏""无与伦比的精美""亿元级的拍品"……这些让人热血沸腾的评论，令藏家无不憧憬向往。

琵金顿专场里共有四件黄釉器：一件是弘治黄釉盘，一件是正德黄釉盘，还有一件是嘉靖黄釉盘，以及一件万历黄釉盘。说实在的，这四种类别器物，我均已有收藏，不存在拾遗补缺。但琵金顿名头太响，若能收藏其旧藏之一二，也会令自己的黄釉系列收藏增色不少。

当我在预展上手弘治的黄釉盘时，中国嘉德国际拍卖有限公司的温华强先生刚好也在旁边，他见我反复细看此盘，问道："看上了？"

我点点头。小温叹息说："我不知道您也看上了这件，昨天还专门推荐给天津的客户哩。您不是已经有了吗？还要？"

"是的，韩信点兵，多多益善嘛。好东西还怕多吗？琵金顿专场的东西，来源好，没有争议，这样的东西再多也不嫌多。"

"早知道就不推荐给天津的朋友了。"

"没关系，这是公开的拍卖，又不是只有天津您的朋友一人。"

"这件弘治盘，虽然来源没有争议，釉色不错，但盘上有两条冲，如

| 中国嘉德陶瓷部专家温华强（左）
与冯玮瑜合影 |

果不是在琶金额顿专场，恐怕底价也拍不出，估计这件也在底价附近吧。"

我不以为然，因为外国的收藏家与时下国内的藏家收藏观念不一致。国内藏家要求"真精稀"，有一条小冲、一点小磕，价格马上掉一大截。国外藏家是因为喜欢进而收藏，而且眼界奇高，从艺术高度去鉴藏。由收藏进而研究，一条小冲，即使认真看，有时还发现不了。这么一条小冲，当然属于一个瑕疵，但并不影响器物的釉色和整体效果，不影响研究，故国外老藏家的旧藏，类似小冲这种瑕疵也是欣然接受的。而国内藏家追求完美，一旦出现这样的小瑕疵，马上价格下掉，因为会影响下次转让，所以国内藏家对瑕疵特别挑剔。这不仅是对唯美唯精的要求，还有从方便下次转让的角度考虑。因为推己及人，下一手买家也会选择全品相的，这件略有瑕疵的万一砸在自己手里卖不出去，岂不是亏大了！国外大藏家主要从美术史、历史价值的高度首选藏品，国内的藏家目前还是看重微观的品相，这是国内国外收藏观念的不同之处。

追求完美，固然是我的追求，但我不是做古董生意的行家。

| 明代弘治黄釉盘底款 |

弘治一朝至今已经有 400 多年，且弘治瓷器当年的产量也较低。400 多年的流传，还能保存得完美无瑕，当属凤毛麟角，何须挑剔一二条肉眼几乎看不见的冲线呢？

弘治黄釉器，我手上已有数件，并非缺项，但我真心喜欢弘治黄釉器，所以这件琵金顿旧藏，我也是志在必得。我虽已藏有一对弘治黄釉盘，均来自苏富比，是相隔数年分别入藏。当年为了凑对，孜孜以求，好不容易。这回再凑上琵金顿，就是连中三元了。难得的是三件的大小尺寸一致，再而三，德不孤。弘治的黄釉器，再多几件又何妨。

李佳董事对我说："够了，你收的黄釉器已经够多啦，老是一种颜色不会审美疲劳吗？不闷吗？到了换种颜色的时候了，还是换种颜色吧。"她说的不无道理，但小女子情有独钟，弘治黄釉散发着一种无以言表的诱惑，有种百看不厌的感觉，令我迷醉其中。

苏富比拍卖行中国艺术部高级国际学者、董事李宝平博士专门从伦敦飞来香港，协助这场轰动一时的琵金顿专场拍卖。李博士学贯中西，苏富比有些特别重要的拍件就由李博士撰写论文作考证和介绍，让藏家了解和认识藏品的重要性。我看预展时李博士专门接待我。这场琵金顿专场的每一件拍品，李博士都亲自拿过来给我上手并仔细介绍，看着李博士忙碌大半天为我上手这些拍品而进进出出，每一件都双手抱着，小心翼翼地拿过来。劳驾那么大一个专家，心中实在过意不去。但拍卖行的规矩是拍品必须由该公司的职员拿过来，不允许其他人在预展陈设柜擅自拿取物品上手。

对于这件弘治黄釉盘，李博士说："此盘釉色非常好，属于传世弘治黄釉盘里釉色上乘之作，可见当时琵金顿的眼光相当不错。遗憾的是此盘有冲线，不过不仔细看也看不出来。英国老一辈收藏家主要是看藏品的艺术性，研究其历史文化，对于不影响应整体效果的小瑕

| 苏富比亚洲区董事、中国艺术部资深专家李佳（左）与冯玮瑜合影 |

疵包容度较大。我在国外见到很多大藏家的藏品，有不少也有瑕疵，毕竟几百年的流传，品相完美是非常不容易的。这要看现在藏家是怎么看待这个小瑕疵了。我个人建议你可以考虑此盘。当然，这个专场也有很多好东西，可以挑更好的，但黄釉毕竟是你的系列收藏，说心里话，这盘真不错。"

| 苏富比拍卖行中国艺术部高级国际学者、董事李宝平博士（右）指导冯玮瑜鉴赏弘治盘 |

琵金顿旧藏这件弘治盘，釉色匀净，清澈透亮，如一泓鸡油，娇嫩莹润。此盘胎体坚薄，见有窝底，署青花楷体"大明弘治年制"六字二行外围双圈款，字体清秀。这件弘治盘还有非常好的来源：

Eustace Benyon Hoare 旧藏；

伦敦著名古董商 Bluett& Sons Ltd. 旧藏；

Ashley Cowan 旧藏；

1958 年艾伦·罗杰·道格拉斯·琵金顿入藏至今。

流传有序，递藏记录清晰，都是名头很响的大藏家、著名古董商的旧藏。

来源那么好，这只黄釉盘，小女子决心当仁不让。

"琵金顿专场"拍卖，轰动一时，拍卖时大厅挤满了人，气氛热烈，举牌踊跃，拍品不停创出天价，掌声不断。

这件弘治盘以 7 万港元起拍，一开始有几家举牌竞价，当追高到 50 万港元后就只剩两张牌在竞价，两张牌一左一右，各不相让，拍卖师两手翻飞，一手指左，一手挥右，用英语一串串地不停报价，吱哩哇啦，念念有词。我权当他在念经，志在必得，逢山开路，遇水搭桥，见贼杀贼。

我认为拍卖行的定价其实是有策略的，特别是这件弘治名品，定价超低，一定引人格外关注，大家都想"捡漏"，结果远超拍卖行定价。

同样的，凡参与拍卖举牌竞价，也是有策略的，举牌竞价可以采用两种方式：一种是开始时直接喊一个远高出底价数倍以上的高价，把那些想"捡漏"的一下子打懵了，他们心里一下子接受不了这个价格。当他们还没反应过来，拍卖师槌声一响，胜负已定。等他们回过神来，黄花菜都凉了。这种吓人的方式是双刃剑，如果自己判断错误，一下子喊高了，那就站在高山上，自求多福了。另一种是一口接着一口跟举。这种跟举方式为大多数人采用，起码前一口还有人跟自己竞价，成交价显得较为公道。即使是跟举方式，还是有窍门的：例如对方刚举牌，自己就迫不及待立即又举牌，显得志在必得，气势上压倒对方，让对方知难而退。更夸张的是高高举牌不放下，让所有竞争者知道自己不吝价钱，志在必得，让竞争者心怯退出。我就在拍卖会亲眼见过大收藏家张宗宪先生坐在第一排，拿着 1 号牌高高举着，完全不看别人的出价，高举不放，引得全场一片掌声。可惜，那次张宗宪最终还是败下阵来，有人愣是不吃他这一套，就要硬抢。也许，人家看见是张老先生志在必得的东西，一定是好东西，更要硬抢不可呢。

跟举还有一个方法：适时拖慢出价节奏，老是等到最后一次才举牌，

| "琵金顿"旧藏明代弘治黄釉盘 |

打击满以为即将落槌的竞争者的心气。总是最后一刻才继续出牌，出价出得很痛苦的样子，暗示现在的价格已经够高了，如此反复几遍，对方也会觉得价格太高而放弃了。

我认为如何竞价，也是一门学问，因为这涉及人们的心理活动，兵无常势，水无常形，运用之妙，存乎一心。在制定好竞拍策略后，还得视情况，审时度势，相机行事。

这件弘治盘还在不停地竞价。我注意控制举牌出价节奏，因为举得太急，怕对方急红了眼，脑瓜一热，什么都不知道了，只知道举举举，一下子就举到不理智的高价。越是想得到，越要沉着。举牌要拿捏分寸，在前几口时，我故意拖慢节奏，往往在最后一刻才应价……结果小女子以100万港元成交价拿下，超出底价14倍多。

百二秦关终属楚，功夫不负有心人。

三个同样尺寸的弘治黄釉盘，先后被我一一入藏。三元及第，光宗耀祖，无负此生。他日祠堂拜祭祖先，不似宋代陆游的后人，小女子家祭可告"乃翁"矣。

这件黄釉盘，釉色娇黄，莹润如苏，散发着让人着迷的鸡油般黄色。有种晕散的光芒，有种迷离的韵味，如诗如幻，令人沉醉东风。

琵金顿60年之私家秘藏，今我幸而得之。宝物流传到我手上，当然是珍若拱璧，"当金屋伫之"。

难得一心人，白首不相离。

 **玮瑜谈收藏与理财**

如何合理预估价格?

　　我们从自己的兴趣出发，找一个愿意长期收藏的门类。我一直和大家讲，我们从买入的那一刻起，就要建立一个投资意识——无论我多喜爱它，这件藏品终有放回市场的那一天。因此，你要了解它的买入价格以及未来可能卖出时候的价格，并且要对市场有一定的熟悉，要了解市场。

　　　　　　　——摘自广东电视台《投资有道》"珍贵的明清黄釉"节目采访，

2017 年 8 月 5 日

　　羊城晚报：你认为如何才能长远规划收藏？

　　冯玮瑜：1.入手高品质的东西反而就是省钱；2.长远规划收藏体系；3.一定要了解藏品的前世今生。

　　　　　　　　——摘自孙晶：《探寻明清黄釉瓷的前世今生》，

《羊城晚报》，2016 年 5 月 21 日

　　哥伦比亚大学商学院教授埃里克·约翰逊（Eric Johnson）指出："在估计事件可能性的时候，我们总认为自己正在'思考'，但是在这个所谓的思考过程中，自发性的非意识部分产生的作用却大得惊人。"因此，我们预估藏品价格时，必须在"情绪怪兽"冲破牢笼前，对价格有一个清晰的判断标准。

下面几种方法可以帮助我们更加合理地预估价格。

挑选参照物做比较。一旦看上某件拍品，首先会研究这件器物的器型、釉色、年代、路份等，翻查历年拍卖会成交价记录，从朝代、器形、烧造工艺、流传、品相等方面寻找近似的参照物，仔细比对，并结合当前的市场情况，对价格有一个初步的认知。也可征询行内市场专家的意见。

征询市场专家、同行或藏友意见。这里所说的专家是参与市场的行家和古董商。近年来，越来越多电视台播放收藏类节目，邀请一些知名或不知名的所谓专家。令广大观众惊奇不已的是，他们只要观摩，甚至观望一下某件器物，就能够近乎准确地预估一件藏品的价格。不过，我要提醒你：这多是不靠谱的。

价格是多种综合因素在市场里的具体反映（包括器物的类别、稀缺性、品相、经济环境、资金面、市场热度等等）。艺术品的价格形成是一个经济现象，价格由市场的供需关系、买卖双方的心理定位、艺术家的学术地位和其作品的质量、社会群体的审美标准等因素来决定。预估一件器物的价格，总要从多维角度来思考判断，而且在竞拍场时常会有意外情况出现，所以在预估价格时还要预留上浮的空间，如果在事前就做足功课，就不至于临场举止失措。如果你把拍卖场的举牌当作举手之劳，那么，你离"出场"就不远了。

控制好自己的情绪。这些因素包括心理期望值、风险承受度、价格上限、细致周全的准备工作等，但不要忘了一定要控制你自己的情绪，一定要管控"情绪怪兽"。

股票投资大师本杰明·格雷厄姆建议新手，在拿出真金白银之前，每一位投资者都应该进行一年的练习：设计投资策略、挑选股票以及检验结果。同样的原理，对于初入收藏领域的新人而言，在真正买入藏品前，不妨多观察市场，或在拍卖场进行几次"近于实战的估价模拟"。

柠檬黄釉菊瓣盘

第 4 章

擢秀三秋

一只

英国马钱特（Marchant）旧藏、嘉德封面拍品

清代雍正柠檬黄釉菊瓣盘

入藏记

藏品：柠檬黄釉菊瓣盘

年代：清雍正

款识：青花楷体"大清雍正年制"
　　　六字双行外围双圈款

尺寸：口径 17.5 厘米

来源：法国 De Ganay 家族旧藏
　　　马钱特（Marchant），伦敦，2009
　　　欧洲重要私人珍藏
　　　2017 年 5 月 30 日中国嘉德（香港）春
　　　季拍卖会封面拍品

2017 年 5 月，著名收藏家冯玮瑜收藏

　　该件柠檬黄菊瓣盘呈菊花花瓣形，浅弧壁，圈足，施柠檬黄釉。修胎精细，胎体坚质细腻，足内亦施柠檬釉，底心留白一圈。署青花楷体"大清雍正年制"六字双行外围双圈款。

　　菊花是中国传统名花，在中国的传统文化里被赋予吉祥、长寿的含义。如菊花与喜鹊组合表示"举家欢乐"；菊花与松树组合为"益寿延年"等，在民间应用极广。"梅、兰、菊、竹"自古就是中国文人心目中的"四君子"。菊花作为傲霜之花，不仅是中国文人人格和气节的写照，而且被赋予了广泛而深远的象征意义。

　　菊花隽美多姿，不以娇艳姿色取媚，却以素雅坚贞取胜。盛开在百花凋零之后，孤高自傲，不与群芳争艳。人们爱它的清秀神韵，更爱它凌霜独开，西风不落的一身傲骨。菊花一直为诗人所偏爱，古人尤爱以花喻己，以菊名志，以此来比拟自己的高洁情操，坚贞不屈。英雄志士，高人雅士，以花咏己，赋诗抒怀，赋予菊花不同寻常的境界。

　　采菊东篱下，悠然见南山。——晋·陶渊明《饮酒》

　　不是花中偏爱菊，此花开尽更无花。——唐·元慎《菊花》

　　耐寒唯有东篱菊，金粟初开晓更清。——唐·白居易《咏菊》

　　轻肌弱骨散幽葩，更将金蕊泛流霞。——宋·苏轼《赵昌寒菊》

　　莫道不消魂，帘卷西风，人比黄花瘦。——宋·李清照《醉花阴》

　　秋满篱根始见花，却从冷淡遇繁华。——明·沈周《菊》

广州的文化公园，每年中秋国庆期间都会举办大型"羊城菊会"展览。年宵花市、中秋灯会、"羊城菊会"是广州三大传统花事活动之一。因为文化公园就在广州老城区西关边上，我自小生活在西关，小时候我常常跟父母或同学去游园赏菊，还照了很多照片。只可惜"羊城菊会"虽然每年仍坚持举办，迄今已连续举办了57届，但其影响力却像很多传统文化一样，逐渐式微。好在菊花之美糅合在儿时记忆里，一一留在心上。

由于菊花有如此美好的寓意，所以古人也会采用菊纹图案来装饰瓷器。例如宋代湖田窑青白瓷中的菊纹盖盒，还有明代洪武瓷器上的扁菊纹，等等，菊花纹饰数不胜数。

取自菊花造型的瓷器，论声名之隆，以清代雍正、乾隆二朝的菊瓣盘为甚。尤其是雍正御制之十二色菊瓣盘，其造型之精巧，制作之精美，釉色之瑰丽，被后世赞誉为一代名品。雍正菊瓣盘造型如盛开的菊花，边呈花瓣型，制作难度极大，配备十二种不同的釉色，互相辉映，美不胜收。

喜欢收藏瓷器的人，大多以能收藏集齐"康熙五彩十二月花神杯"为美事，在近代私人大藏家之中，能收藏集齐"康熙五彩十二月花神杯"的仅数人而已。而雍正十二色菊瓣盘，除故宫博物院外，迄今未见有私人藏家能收藏集齐十二色的。可知收藏集齐雍正十二色菊瓣盘殊为不易，难度远高于收藏集齐"康熙五彩十二月花神杯"，因为雍正十二色菊瓣盘是更为稀缺的名品。

　　近年的拍卖市场，白色、祭红色等菊瓣盘也能偶见，都是单件见诸拍场，黄釉的我还没见过，柠檬黄釉更是只闻其名，不见其物。

　　2017 年 4 月，春拍序幕拉开后，一个接一个的拍卖活动接踵而至，中国嘉德（香港）国际拍卖有限公司瓷器部的孙维诗小姐发来微信："您会在苏富比春拍期间过来香港吗？ 我们五月的春拍收了三只菊瓣盘，有胭脂红、紫金釉、柠檬黄三种釉色，来源清晰，不知道您会不会感兴趣，假如您喜欢的话，需要提前安排给您看看吗？"

啊！菊瓣盘？雍正？柠檬黄？

孙小姐接着发来了三只菊瓣盘的图片，真让人眼前一亮：胭脂红、柠檬黄、紫金釉，互相辉映，美艳不可名状——尤其是那只柠檬黄釉盘。

那可是不世出的柠檬黄釉菊瓣盘！

菊瓣盘我当然见过，有雍正的、乾隆的，而柠檬黄釉色的却从没见过！何况是雍正朝的，须知雍正柠檬黄釉可是柠檬黄釉里首屈一指的。自小女子收藏瓷器以来，从没有在拍场见过有雍正柠檬黄釉菊瓣盘（据前辈说，几十年未在拍卖市场出现过）。

据孙小姐说：三只菊瓣盘来源非常清晰，是英国著名古董商马钱特（Marchant）的旧藏，上一手藏家也是欧洲著名的单色釉瓷器收藏家。

马钱特是一个中国古玩界和收藏家都耳熟能详的名字，这家创办于1925 年的英国古董店，已经家族传承四代，是中国古玩行业的老字号。四代人专注经营中国古董，这在中国也没有一例。马钱特的旧藏，是收藏家绝对舍不得省略的一项传承记录。

我们约好在香港苏富比春拍的前一天到香港皇后大道中远大厦 30 楼中国嘉德（香港）的办公室，孙小姐和林威信（Nicholas Wilson）先生早就在那里等着我了。

早就听说嘉德（香港）聘请了一位有业内资深背景的洋人出任瓷器工艺品部总经理，闻名久矣，也早想结识这位洋人总经理，今天终于见到了。

这是我第一次见到林威信先生。他非常谦和，还能说上几句普通话，他还说连我们说的普通话也能听懂大半，因为他太太是中国人。我也凑合着说几句英文，而孙小姐虽然是广州人，却留学英国，英文说得滚瓜烂熟。

| 中国嘉德（香港）瓷器工艺品部总经理林威信（Nicholas Wilson）（右）与冯玮瑜合影 |

呵呵，这可热闹了，华洋混杂，国语、粤语、英文混聚一堂，叽叽喳喳，我们的交流竟是没有半点违和，异常地畅顺和欢快。

这三只菊瓣盘，胭脂红釉异常艳丽，紫金釉纯净漂亮，柠檬黄釉匀净出尘，前所未见。三只菊瓣盘一溜地陈设出来，美得连眼睛都没个安顿处，顾盼流转之间，但见美艳不可方物——香江楼中藏此身，不同桃李混芳尘。

因为自己格外喜欢柠檬黄釉盘，所以就看得特别认真仔细。只见该盘呈菊花花瓣形，浅弧壁，圈足，施柠檬黄釉，修胎精细，胎体坚质细腻，足内亦施柠檬黄釉，底心留白一圈署青花"大清雍正年制"楷书款。我见到有一片菊瓣釉面好像有点污迹，我用手轻轻擦拭，没有擦掉，不是污迹，难道是修补过的？林威信先生凑过来说那是原来施釉的痕迹，这片菊瓣没有问题，反而是另一片菊瓣有小修补。

我慢慢地转动了盘子几圈，光看表面，没看到修补的痕迹，也没有见到明显的瑕疵。林威信先生说："这个小修补，要打灯透过胎骨细看才看得出来。"孙小姐拿来手电筒，我就打开手电筒慢慢转动菊瓣盘，林威信先生指着其中一片菊瓣说："就是这瓣。"在手电筒的背光透视下，其中一瓣有约 0.2 厘米大小的胎体与旁边胎体呈现不同深浅色，这就是修补过的痕迹。

我觉得修补蛮大的。林威信先生也摇摇头说："真是遗憾的事，这是上世纪八十年代的修补。由于当时修补水平有限，就把旁边的地方也做了补釉处理，才会使得修补痕显大。如果放在今天，或者不修补更好，即使修补，水平也高得多，这真是令人遗憾的事。"

"峣峣者易缺，皎皎者易污"，一个女子如果太美了，人生就容易坎坷；一件器物越美好，就越容易出现损伤，天妒红颜，真遗憾啊！

瑕不掩瑜，这只柠檬黄釉盘仍旧是艳丽动人。

与君初相识，犹如故人归。

这三只菊瓣盘，每一只都非常精美，"教不思量，怎不思量？"我彻夜难寐。

一日不见，如隔三秋。第二天上午，我发微信给孙小姐："小孙，我想三只菊瓣盘一起拿，那三只菊瓣盘如果合起来一个标的来上拍，多少钱？"

我是打这样一个主意：胭脂红釉盘估价是 350～450 万港元，柠檬黄釉和紫金釉估价都是 150～200 万港元，以低估价计，三只合起来就是

| 在中国嘉德（香港）总部林威信、孙维诗、冯玮瑜鉴赏雍正柠檬黄釉菊瓣盘 |

650 万港元。如果合成一个标的，跟我竞拍的对手就少了很多。如果再跟委托方压压价，五百多万或六百万起拍，说不定一两口价就拿下来了。

小孙回复我："我们要和委托方商量一下，我稍后回复您。"

"不要勉强。"我也装得挺大度的，内心其实是极盼他们能说服委托方。

翘首以待，过了一个星期，小孙回复说："我们向委托方表达了您这个意见，对方也考虑了几天。首先委托方很感谢您的这个提议，觉得这是对其收藏的肯定，很开心。觉得假如东西最后能被热爱它们的人收藏，融入到一个成熟的体系里面，是一个很好的结果。但委托方担心合号之后能参与拍卖或感兴趣的买家会少了，因为委托方对东西本身挺看重，对价格也有一些期待。假如三个合号，我们感觉委托方要求提高底价的可能性很大。假如这样的话，可

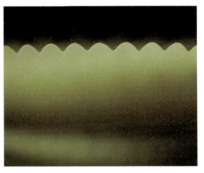

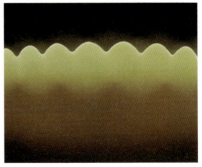

能还是单件上更好，您看现场情况来把握您的竞拍节奏，拍场上有很多的可能性，也时有底价举走的情况。您说呢？"

"好的，谢谢！"

嗟乎！道高一尺，魔高一丈。谋事在人，成事在天。

小女子的小小心思，还是让人看穿了。虽然最终没达到自己想要的结果，努力过就没遗憾。提出三盘全拿的目的是想以最高总价吓退别人，实际上是以最低单价全部揽下。既然委托方不同意，那我就要有备选方案，最起码三中选一，只挑合乎自己收藏体系的了。武侠小说对绝顶高手的描述不也是：一击不中，全身而退。

我收藏器物是随缘的，不属于我的，勉强不来。既然无缘，不如放过自己，成全别人。"相濡以沫，不如相忘于江湖。"

记得我有次收藏一件石湾窑原作，与原藏家谈好价钱，我已把器物拿回家中，并专门请师傅上门特别订制了包装锦盒，一切都弄得妥妥当当了。一个月后，原藏家忽然说价格卖低了，我二话不说就乐呵呵地把那件石湾陶送回原藏家，并附送包装锦盒。原藏家说要把定做锦盒的钱给我，我说："不用了，它来了我家一月，这是我专为它做的。今日物归原主，缘分已杳，就当是曾经相聚一场吧。"

一年后在某场拍卖会又见到它，器物无恙，锦盒依旧。当年我为它亲手所做的标签仍历历在目，而且起拍价远低于我当时谈好的价格。我在拍卖现场看着它流拍，小女子为它难过：那么好的东西没有找到赏识它的人。但我已经心如止水，并没有心思把它举回来。毕竟曾入家门却下堂而去，缘薄如此，夫复何言。

往事已非哪堪说，且将心爱待来年。

　　我并非负气，而是觉得器物与人是讲缘分的，勉强不来。既然委托方不同意，那就看届时拍场情况，不再念念，不以物累，静待风云再起，如此而已。

　　兵法有云：善守者藏于九地之下，善攻者动于九天之上。虽然市场机会无限，但是属于自己的机会有限，自己所能把握的机会更少，所以每次出手，小女子力求制胜。但绝不追高（志在必得者除外）。在属于自己的机会出现之前，抱着平和的心态，耐心等待，对属于别人的机会持欣赏的态度。人间亦有痴于我，有此等同道之人，可知我辈不孤，云胡不喜。

　　2017年5月28日，中国嘉德（香港）春拍预展在香港金钟万豪酒店举行。我又到预展现场再次上手柠檬黄釉菊瓣盘，这是第三次见到这件菊瓣盘了。除了第一次是在中国嘉德（香港）总部，这件菊瓣盘也到广州参加过"中国嘉德2017春拍精品展广州站"的巡展活动。在不同时间上手这件菊瓣盘，每次的感觉都相当不错：灿若秋菊，趣出秋声外。

| 香港著名收藏家、"敏求精舍"会员钟棋伟先生（左）与冯玮瑜合影 |

| 柠檬黄釉菊瓣盘 |

　　同样是中国嘉德（香港）的林威信先生和孙维诗小姐再次陪我在贵宾室一起看器物，这是拍前预展了，所以我每件都看得很仔细。对这件菊瓣盘，我向孙小姐打听上一手藏家的名字。

　　据小孙介绍，这位欧洲藏家是非常著名的大藏家，也主要收藏单色釉器物，苏富比和佳士得也时有向他征集拍品，可以参阅他们的图录。基于对送拍方的保密义务，很遗憾不能透露对方的姓名。

　　拍卖会于 5 月 30 日上午举行，我早早到场，挑了个后排的位置。在前面拿下两件拍品后，就快到菊瓣盘了。这时候，忽见香港著名收藏家、"敏求精舍"会员钟棋伟先生进来了，难道地主又要来抢粮了？

　　记得半年前，2016 年 11 月 29 日的香港邦瀚斯秋拍，那一季秋拍的"显赫欧洲私人珍藏御用瓷器"里有一组黄釉瓷器，非常吸引人。其中有一对口径为 40.6 厘米的雍正刻五福捧寿盘，尺寸之大，非常罕见。但两件都有非常大的毛病，一件边沿有长达 15 厘米多的缺失，另一件边沿也有大的缺失及其他瑕疵，后均经过补胎修复，由于尺寸硕大少见，故上手看的人很多。

　　我估计由于瑕疵太大，行家担心日后再难于出手，所以没有行家会看中，只有藏家感兴趣。即使像小女子作为藏家，也有顾虑。左思右想，便征求香港著名古陶瓷鉴赏家黄少棠老师的意见。黄老师说："东西是对的，作为一个少见的大尺寸雍正黄釉盘，可以入藏你的黄釉系列，但要控制价格，毕竟两件都有重大瑕疵。"

　　开拍前十多分钟，黄老师特意再次来电叮嘱："要控制价格。"

　　我问："如果以行家的眼光，多少价钱可以接受呢？"

　　"拍卖行的估价是 60 ～ 80 万港元，合理价还是在估价内吧，超过 80 万港元就过高了。"

　　有黄老师阵前面授机宜，我心中有底了。拍卖时我坐在最后一排，此对盘由 50 万港元起拍，场上没见到有什么人举牌，可拍卖师却接连报价上去，由 60 万港元竞到 80 万港元了。奇怪，我怎么没找到跟我竞价的人呢？我已经是最后一排呀？前面找不到，我扭头后望，站在座位后的也疏疏落落的没几人。著名的望星楼主人张显星先生站在右边，左边是香港著名收藏团体"敏求精舍"成员、著名收藏家钟棋伟先生。咦，他刚才不是坐在我右边那排吗？ 没留意他什么时候离开座位跑到后面站着了。他见我扭头四处看，就笑着点点头打个招呼。这些都是老熟人了，就没找到是哪个人跟我争，我继续举牌……

过了 100 万港元了，早就过了黄老师的建议价了，可竞价还在继续。真奇怪？谁跟我争？

竞价继续……

我举到 150 万港元，我举牌出完价后干脆扭头看着后面，一定要看看到底是谁！哦，终于发现了，牌子很隐蔽地扬了一下——原来是钟先生！他把号牌夹在图录下面，拿在手上装着看图录，当出价时就把图录向上轻轻翻转一下，又迅速恢复回看图录的样子，神不知鬼不觉，真有创意啊！怪不得找不到举牌人呢。钟先生又加一口价，160 万港元。

高出心中预估价一倍，说心里话，除了硕大少见外，与我"品相完美"的收藏要求还是有重大落差的。特别是看见钟先生悄悄地躲在我后面举牌，脸色涨得通红，一副紧张兮兮的神情。一来他是前辈，二来也已经到这个价格了，"让他三尺又何妨？"我就放弃了。终于钟先生以 160 万港元，高出我一口价，夺得雍正黄釉大盘。

当晚，我跟黄少棠老师一起吃晚饭，正检讨这场拍卖的得失，钟先生给黄老师打来电话，兴奋地说下午在邦瀚斯竞得那对雍正大盘。黄老师笑着说："你的竞价对手正在这里呐，你们聊聊？"征得钟先生同意，黄老把电话递给我。钟先生客气地说："真的对不起啊，知道你专收黄釉，可我因为要办一个以'寿'为专题的展览，这对盘是非要不可的，对不起啊！""您客气了！那对盘确实难得，恭喜您！希望您的展览能尽快成功举办。"

黄老师说："看样子，就算你举到200万，钟先生也非跟你争下去不可。"

"这样的结果也挺好，也不用钟先生多花钱。物归有缘人，我也不遗憾。"

第二天早上是香港苏富比秋拍，我跟钟棋伟先生在苏富比的贵宾室里又相遇了。甫一见面，钟先生再次表示歉意。他也太客气了，彼此都是熟人。拍场上价高者得，没有谁欠谁的，小女子毫不介怀，我们依旧谈笑春风。

今天他又来到香港嘉德拍场，真是藏家之间常说的"拍场上见啊"！这也难怪，这三只菊瓣盘，是2017年中国嘉德（香港）春拍的封面拍品，是重点推介对象。在嘉德的大力宣传下，藏家同时看上也很正常。即使没有钟先生，难道就不会有其他人吗？竞争在所难免，且看中原逐鹿，谁人问鼎。

当拍卖轮到菊瓣盘时，柠檬黄釉盘率先上拍，我首位举牌应价……良久，没人跟进，拍卖师有点失望地敲槌了——我竟以底价竞得。连自己也觉得意外，早就做好了打硬仗的心理准备，没想到轻易而得——钟先生也不争了？

紧接着胭脂红釉盘流拍了，我心中一阵窃喜：如果紫金釉盘也是流拍，就可以再跟委托方谈谈三只全拿下的价钱了，把三只收归门下，那就……

接着到了紫金釉盘，拍卖师叫了几下，没人应价。拍卖师准备收槌了，我掩口正要笑出来，就在这时，突然有人举牌应价了！哎哟，坏了！紫金盘以底价落槌，由他人竞得。完了！

我曾经有过一番苦盼，随着紫金盘底价成交，终于梦碎，三盘之缘已杳。

世间不如意事常十之八九，沧海月明珠有泪，可惜！可叹！

彩云易散琉璃脆。三只曾经珠联璧合的菊瓣盘，互相辉映着才显出特别的光彩，那么闪亮眩目。仅仅几天之后，就此各散东西。此后各有各的归宿，各有各的造化。别时容易见时难，今日的荣光，他日只能于记忆中寻觅。此后形单影只，没了互相衬托，只得孤芳自赏。

善忘的年代，失焦的岁月，能再合璧的机会渺茫。有些人，走着走着就散了，连个告别也没有。从此参商不见，我们对此往往习以为常。生活的无情莫过于此了。

想想 2016 年 8 月林丹和李宗伟那一场奥运会男单半决赛的精彩之战，跌宕起伏，激动人心，看得小女子热泪盈眶，想想他们从一开始互为对手，你追我赶，到后来是惺惺相惜，互相成全，才有彼此的辉煌。因为有你做沿途的标杆，鞭策着我不懈地奋斗。无敌最寂寞，因为有你，我才是最好的我！互相成全，交相辉映，世间最美好的事莫过于此。

可惜，三只菊瓣盘日后只得踽踽独行了，再也见不到旁边依偎的你。

| 中国嘉德董事总裁兼 CEO 胡妍妍（右）与冯玮瑜合影 |

我长叹一声：等闲离别易销魂……不如怜取眼前人。

探骊得珠，三取其一，于愿亦足，何必抱憾。一念至此，我又喜上眉梢了。

刚出拍场，碰见了中国嘉德国际拍卖有限公司的董事总裁胡妍妍，看见我一副喜滋滋的神情，胡总问我："拍到什么宝贝了？"

"我把封面那件雍正柠檬黄釉菊瓣盘拿下了。"

"哎哟，太好了！大家都说那几只菊瓣盘非常好！"

当然是好！那是本期嘉德香港春拍的封面拍品，当然是百里挑一的精品。花落奴家，自然喜上眉梢！

我拉上胡总，马上到拍卖大厅门口的巨幅广告前拍个照片留念，那广告正是三只菊瓣盘。

胡总还建议说："我们手捧着柠檬黄釉菊瓣盘，不就更好？"

真是行家里手，在艺术圈浸润多年的胡总太有艺术眼光了。我们俩就按胡总说的拍摄了一幅特别有意义的照片。我们两人作手捧菊瓣盘状，笑脸如花，喜气盈盈，记录了这个兴奋的时刻，记录了我们的友谊，记录了我与嘉德长久的缘分。

第二天，佳士得香港春拍的瓷器专场又开始了，在佳士得的贵宾休息室又遇见了钟棋伟先生。他首先恭喜我竞得柠檬黄釉菊瓣盘，然后补充说："昨天的柠檬黄釉菊瓣盘，看见你举牌，我就不跟你争了。"

我连连道谢，真的太感谢了！谢谢钟先生成全！去年邦瀚斯一战，我曾让给他，今日钟先生回报于我，因果相报。

我问起了他展览的事。钟先生说："已经在密锣紧鼓筹备中了。"同时在座的还有著名中国古陶瓷鉴赏家翟健民先生。翟健民老师从事古董行业四十多年，声名卓著，可以说在古董界无人不知、无人不晓。翟老师是江湖上数一数二的大佬级人物，我对翟老师非常敬佩。

| 著名中国古陶瓷鉴赏大家翟健民先生（左）与冯玮瑜合影 |

前段时间在深圳召开的"2017深圳首届艺术与收藏高峰论坛"上，我有幸和翟健民老师、雅昌文化集团董事长万捷、匡时国际董事长董国强、暨南大学艺术学院院长张铁林等人一道被邀为论坛嘉宾。论坛由凤凰卫视著名主持人许戈辉主持，我们在台上各抒己见，思想碰撞，高潮迭起，台下掌声不断。

今天再次跟翟老师、钟先生围坐一起，聆听他们指点江山，评论藏事，不亦乐乎。

当谈起这件菊瓣盘时，翟老师说："这件东西收得非常好！真有眼光！"

钟棋伟说："买了个封面，当然是好极了！"

翟老师又说："我看，小冯姐的单色釉系列收藏可以说是卓然成家，国内当不多见。"

翟老师过奖了，我是晚辈，收藏之路还很漫长，要多向各位前辈、高人学习。

那几天在香港碰到的藏友，纷纷道贺，无不称赞我入藏这件菊瓣盘真是眼光精准，出手果断，名花终归美人持。

据《清档·雍正记事杂录》雍正十一年记载："十二月二十七日，年希尧家人郑天赐送来各式菊花色瓷盘十二色（内每色一件）呈览。奉旨：着江西烧造瓷器处照此样各色烧造四十件。"可知这套十二色菊瓣盘是雍正皇帝亲自授意景德镇御窑厂烧造的。

此盘取材秋菊，构思巧妙，造型隽美。盘身与圈足均随形而制，连为一体。线条俊秀优美，足底也施柠檬黄釉，底心署青花楷体"大清雍正年製"六字双行外围双圈款。此盘如盛开的秋菊，秋色灿烂，盘心边缘略凹，釉色明亮均匀，宛若一朵秋日黄菊，清丽脱俗。美不可说，妙不可言。

雍正御瓷在釉色上复古创新，以低温单色釉水准最高，奠定了雍正一朝高雅的艺术品味。此盘所施柠檬黄釉为低温色釉，首创于雍正，以氧化锑为主要呈色剂，其釉色匀净，亦称为"西洋黄""洋黄"。

雍正柠檬黄釉器物存世稀少，多为小盘小碗。菊瓣盘，器形周正传神，体现了当时高超的修胎水准，传世极少。北京故宫博物院藏有一例，可与之比较。以单色釉著称的雍正官窑中，菊瓣盘常为后人称道。设计精巧，线条优美，体现了对器形与釉色的极致追求，成为雍正官窑经典作之一，历来受到中外大收藏家们的珍爱。

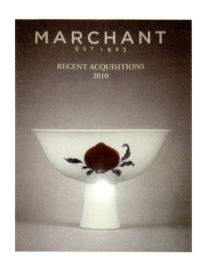

| 马钱特图录 |

半个多月后，孙小姐忽然来电，说这几天她正在英国，在著名古董商马钱特的店里，发现一本马钱特的旧图录，

里面就有这件柠檬黄釉盘，问我需不需要。

这是一个多么重要的传承纪录，这真是一件求之不得的事啊！我赶紧对孙小姐说："买买买！快快快！"孙维诗笑说："不用，我跟他要一本，回来后送给您。"

真是喜出望外，居然连它在马钱特的旧图录也找到了。可知当年马钱特极为注重此件柠檬黄釉盘，否则就不会入选图录了。更难得嘉德的孙维诗小姐，真是有心人呐！专门从英国把图录带回来给我。

像以往一样，我把海外拍品报关入境。2017年8月8日，当我把这件菊瓣盘报关入境后送到广东省文物鉴定站进行拆封检验时，广东省文物鉴定站资深专家潘鸣皋老师特意在鉴定站接待我，我们是老朋友了。当打开海关封条，把菊瓣盘小心翼翼地拿出来时，潘老师忍不住大声称赞："这是大开门的东西，太难得了。"身在文物鉴定站，真真假假的东西见得太多，所以潘老师的眼光卓然超群。他的职业习惯是挑毛病，而且不留情面，就事论事。这件雍正名品，潘老师也赞不绝口。我跟潘老师认识多年，他每主编出版一本书籍，总会签名送我一本。我也时有向潘老师请教。

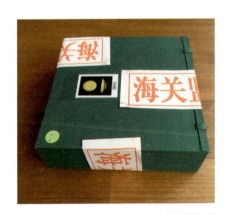

| 海关封条 |

潘老师拉我到他办公室，郑重提醒我说："你收藏的东西都非常好，但你以后出藏品集时一定要注意，藏品不能全部展示出来。只拍正面，不拍底面。现在造假太猖獗了。""但款识在底部，没有款识怎么行呢？"我为难地说。

玮瑜说瓷

支烧：瓷器放在匣钵内进行烧窑时，为不使瓷器足部与匣钵直接接触而发生粘连现象，并防止匣钵污染瓷器的底釉，就使用窑具支托瓷器坯体，把它们与匣钵分隔开，称为支烧，这是烧瓷工艺之一。

"拍款识没有问题，但圈足不要印刷出来，让做造假者永远不知道你藏品圈足是直立还是外撇，是垫烧还是支烧，圈底是什么釉色，总要有一点留着，让造假者弄不清。"潘老师谆谆而言，我连连点头称是，真的受教了。潘老师对我言无不尽，真的让我感动。

这件菊瓣盘存世稀少，流传有序，名家递藏，市场仅见，还有出版记录——集万千宠爱在一身！

它虽没有牡丹的国色天香，没有水仙的冰清玉洁，它细柔有致，匀净得沁人心扉，让人心灵更纯净，顷刻间逃离了尘事，分享着抹抹柠檬黄带给人的舒心惬意，不亦快哉。

| 柠檬黄釉菊瓣盘底款 |

云山珠水，花城秋菊。一盘如花，一花如昨。多少童年的记忆，多少少女的情怀，又到眼前……年年岁岁花相似。

蓝天白云，秋花照水。天地有大美而不言，一盘如秋水凝沏，不染纤尘，但见黄花开处，秋色潋滟，满屋生辉。

旧时月色，算几番照我。长记曾携手处，黄花压珠水寒碧。

玮瑜谈收藏与理财

遏制贪婪

新金融：你只考虑流传有序的藏品，渠道主要是各大拍卖行，收藏专场更好。为何只认准这一条线？

冯玮瑜：现在收藏市场鱼龙混杂，赝品也多。而流传有序或者名家旧藏的藏品，来源清晰，有据可查，首先就排除了新仿的可能性。而且通过大拍卖行或名家旧藏专场，首先由他们帮我们过滤了一遍，把很多不好的东西排除掉，我们再从里面挑选精品，节省了不少时间和精力，表面上看这样购藏会多花钱，但实际上保证了藏品质量，不会买错，反而是节约了。

——摘自王妍妍：《冯玮瑜：做收藏理财燃灯人》，

《天津日报·新金融观察报》，2017 年 7 月 17 日

在华尔街，只有一件事情是确定的，那就是：没有任何事情是确定的。

在收藏市场，同样如此。初入此行的新手如果收到一些朋友甚至陌生人来电，被告知有某某藏品，价格铁定会大涨。如果你相信这样的"好运"花落自家，那么，"霉运"就要叩响你的大门了。

首先，我们需要问自己三个问题：好事为何会落到我的头上？别人为何把这么高回报的项目告诉我呢？如果我得到这个机会，结果会怎么样？

尽管"幸运女神"会眷顾我们，但登门的次数确实太少了。如果我们把每一次

敲门声，都当作"幸运女神"来临的信号，那么收藏或许就不是应该是我们的久居之地。

其次，把"收藏资金"和"生活资金"分开存管。有些人在没有看到藏品之前，在心里悄悄地告诉自己"只是看看"，但看过藏品后，心有所动。此时，经纪人、卖家或朋友只需几句美言，这些人的耳根就会发软，从而忽略了资本管控的原则，买下超出自己能力之外的藏品。

再次，适当减少参与"拍卖会"。现在大大小小的拍卖会多不胜数，老是想"买买买"，却又没有大富豪那么多钱，怎么办？我的建议可以适当减少参加展览会、拍卖会以及其他同类活动，只去几家大型的就可以了。给自己设置规定，比如每年只能参加几场拍卖会、每年只能入手几件藏品、每年只花多少钱用于收藏等。

坐拥青山柴不愁，余粮满囤心不慌。之所以强调遏制贪婪的重要性，是因为贪心不足蛇吞象。更何况，"贪"是一种会让人成瘾的行为。贪恋藏品数量会占用太多的资金，影响生活质量。因此，遏制贪念，既让我们坐拥青山、不愁柴烧，又可以让我们把有限资本集中到重点收藏品类。

娇黄釉金钟杯

伍

第5章

金声玉振

一只
日本“大仁堂”旧藏
明代嘉靖娇黄釉金钟杯
入藏记

藏品：娇黄釉金钟杯　　　　　　　来源：日本东京"大仁堂"高树让治旧藏

年代：明嘉靖　　　　　　　　　　　　伦敦苏富比 2013 年 5 月 15 日

款识：青花楷体"大明嘉靖年制"　　　编号 110

　　　六字双行外围双圈款　　　　　　观唐皕榷 2017 年 1 月 11 日"紫禁城

尺寸：8 厘米　　　　　　　　　　　　遗珍"　编号 556

2017 年 1 月，著名收藏家冯玮瑜收藏

此杯器型如金钟倒挂，深弧壁，撇口、圈足，器型秀美，细腻温婉。内外施黄釉，发色娇艳纯正，与弘治的娇黄釉无异。底署青花楷体"大明嘉靖年制"六字双行外围双圈款，底部也施黄釉。明代黄釉瓷器一般底部施白釉并书青花款字，似此杯底部施黄釉者极为少见。

2017 年元旦过后，拍卖的槌声逐渐息微，各大拍卖行已偃旗息鼓，工作重心也放在征集拍品、备战 2017 年上。

没了拍卖，藏友之间蓦地清闲下来。一年来四处征战，拍拍拍，到了隆冬的时候，一年的喧闹渐渐安静，紧绷的心弦终于平静下来。

2017 年的春节来得特别早，1 月 28 日就是春节了。看看日历，刚过完元旦假期，没几天又到春节假期了，时光催人啊！

因为《皇家气象：自得堂藏明清御窑黄釉瓷器》一书的出版事宜，我

|故宫博物院器物部主任吕成龙（右）与冯玮瑜合影|

想趁着元旦后、春节前这个空当跟主编吕成龙老师、设计师李猛老师、摄影师曹勇老师商谈一下书本的事。电话一联系，没想到他们几位碰巧都在北京，难得人齐，小女子高高兴兴飞到北京。

说来也巧，前几天北京一直被雾霾笼罩。那日我刚到北京，天空突然蓝得像刚刚出窑的汝釉，碧蓝如洗，晴空万里，让人心旷神怡。怪不得碰到几位老师都说："欢迎你来北京。"

呵呵，我又不是诸葛亮，没那么大的本事借东风吹散雾霾哦。

在曹勇老师的摄影工作室，我跟李猛、曹勇老师交换了意见，商定了下一步的工作，又到故宫博物院向吕成龙老师汇报了"皇家气象——自得堂藏明清御窑黄釉瓷器"展览的进展，征求吕老师的意见。随后去拜见了瓷器的一代泰斗耿宝昌老师。

忙完这些事情后，我专程去拜访"佳趣雅集"张志大哥。

| 李猛（左）、曹勇（右）与冯玮瑜合影 |

2016 年 12 月 28 日，张大哥在微信朋友圈发布消息："'佳趣雅集'这个平台发展到今天，已经不是我个人或某一些人的平台。有人在这里学习交流，有人在这里广结人脉，有人在这里做些生意，各取所需，无可厚非，都是善缘。但千万别把一些个人之间的好恶恩怨，像脏水一样泼到这个集体身上。能在一起玩就一起玩，不愿一起玩，一拍两散。大路朝天，没有必要恶言相

向，这样的人格局太小，不值一驳。希望今后加入的是冲着这个集体，而不是我个人，这也是重建会员群的初衷，要给想退出的人一个退出的机会。不想参与，道不同、志不合者，没有必要裹挟在一起。2017年1月1日，让我们轻装，从更高的起点重新出发。"原来是"佳趣雅集"的群里有人骂骂咧咧，张大哥一生气，率性做出决定：在2016年12月31日散群，退群退费，并于2017年1月1日重建新的"佳趣雅集"群。

听到张志大哥发布散群的消息，虽然不清楚群中恩怨如何？凭着小女子与张大哥的交往，我晓得张大哥是重情谊讲义气之人，知道张大哥辛辛苦苦做了那么多还受委屈，心中很为张大哥打抱不平：这年头干得多反被抱怨得多。"佳趣雅集"群是500人的大群，各有不同的想法和诉求，众口难调，"不当家不知柴米贵！"

我最见不得老实做事的人反受委屈。就在2016年的最后一天，小女子抢着交费入群，以实际行动支持张大哥！

"佳趣雅集"群在2017年1月1日重组，新群比旧群更加声势浩大，仿佛为古董收藏界注入了一股清流，正能量满满的。经张志大哥和金立言博士推荐，蒙各位理事错爱，理事会一致通过，选举我成为"佳趣雅集"理事会的新理事，使得小女子受宠若惊，所以特地来向组织报到。

| "佳趣雅集"总干事张志（右）与冯玮瑜合影 |

113

娇黄釉金钟杯

张志大哥非常热心，特别从保险柜拿出一些珍藏的宝贝让我欣赏。冬日围坐品茗，赏瓷谈拍卖，乐也融融。

见到张大哥台面上放着一套图录，我顺手拿起来浏览。张志见状，马上说："这是京城新年最新一场拍卖会，也是春节前最后一场拍卖会，这是图录，明天就预展了，你有兴趣去看看吗？"

"都快过年了，还搞拍卖？真积极啊！是哪家公司呢？"

"这是京城新开的一家拍卖公司，叫'观唐皕榷'，虽然是首拍，但老板是两位著名的大行家易苏昊和钱伟鹏。"

"东西怎样？"

"还可以。书画我没怎么留意，瓷器已经看过了，东西不错，但价格挺硬。对了，里面有一对'乾隆款的柠檬黄釉小盘'，两只釉色有点差异，其中一只釉面有点起皱，东西是对的。不知道您是否会看中，如果你要的话，我就不举了。如果您不要，我就举回来。"

"张大哥，您喜欢您就举吧，我就不要了。"

"你是藏家，而且专收黄釉瓷，当然先让你。我们是行家，举回来也是为了以后卖出去。另外，这场还有一只'嘉靖金钟杯'，我没上手看过，你有空去看一下。图录我这里有多一套，你拿一套回去研究研究。"

前几天朋友圈也有"观唐皕榷拍卖"的消息，当时我没怎么留意。一个新的拍卖公司，不熟悉，而且"观唐皕榷"这几个字高深难懂，距离感太远，小女子才疏学浅，弄不清是什么意思，故敬而远之。易苏昊先生我认识，但没有深交，只知他曾一手操办了流失海外多年的"圆明园三兽首"的拍卖与归国事宜，当年可谓轰动一时。钱伟鹏先生我倒不认识，我真是孤陋寡闻啊。我晚上翻看图录，这场拍卖的重头戏应该是夜场的"紫禁城遗珍"专场。专场所呈现的宫廷器物，大多流传有序，有些是市场上难得一见的珍品，甚至有传世孤品。其中最精彩是"放山居"旧藏"乾隆洋彩万花不落地大吉瓶"。

第二天我就到北京亚洲大酒店的"观唐䩾榷拍卖"预展现场。一圈看下来，居然碰到了很多拍卖行的朋友，可能是他们自己公司的秋拍已拍完了，可以有空去看看这家新同行的拍品，据说这是名人易苏昊和钱伟鹏的首次合作亮相。

在这里碰到了来自广东华艺国际拍卖瓷器部的周俊总经理。他乡遇故知，特别容易亲近。他问我看中了什么，我说喜欢的是一件弘治白釉盘和乾隆柠檬黄釉小对盘。周总问："那只嘉靖黄釉金钟杯你没看上吗？"我说："嘉靖的黄釉器我已有好几件了，黄釉碗也有，寻常的嘉靖黄釉器就不考虑了，除非是立件。杯子也不过是盘碗类的东西而矣。"

周总摇着头说："嘉靖的金钟杯是一代名品啊！千万别小看它，在古董界，金钟杯被视为立件。保利2016年春拍一对嘉靖黄釉金钟杯，拍出900多万人民币，可知金钟杯价值不菲。"

"是吗？还真不知道哩。"一听金钟杯是名品，而且曾拍过高价，我马上就来兴趣了。我们二人一起绕着展柜走到金钟杯展位前，刚才真没留意它，现在一看，感觉挺不错。然后上手，嘉靖金钟杯比我们平时见到的杯子器形要大些，内外壁全黄釉，连杯的外底都施了一层黄釉，覆盖在青花款识上。因黄釉较透明，青花款识还能清晰见到。一般器物的底部都是白地青花款识，底部覆施黄釉较为少见。整个杯子光素无纹饰，娇黄釉发色特别莹润，

玮瑜说瓷

立件：指用来摆设的器物，又叫做摆件。立件的档次要高于碗、碟、盆等生活瓷器。作为立件，本身就以艺术欣赏价值为主，艺术性远大于实用性。所以立件的制作工艺、绘图、题款等更为讲究。

｜著名古陶瓷鉴定家、收藏家，上海天物文化博物馆馆长钱伟鹏（右）与 冯玮瑜合影｜

迷离恍惚，如同弘治的鸡油黄一般，如诗如幻般迷人，果然名不虚传。

周总见我把玩良久，问我感觉怎样。我答："东西还不错，但 60 万的估价是否太高了？记得前几年香港佳士得曾上拍过一对嘉靖黄釉小杯，才十多万下槌，这杯是单只，怎么就这么贵？"

"金钟杯是名品啊，那些普通的杯子如何能跟它比！嘉靖黄釉瓷立件很少见得到，所以金钟杯就视为立件一样了。你想想一件立件要多少钱啊？60 万能拍到就是捡大漏了。"

周总见我对金钟杯没什么认识，就带着我去找钱伟鹏老师。周总边走边介绍说："钱老师在 20 世纪 90 年代以国家文物局专家身份被派驻英国伦敦，专职从事中国文物回收工作，为国家购回大批精美文物，是知名的大行家。"

因为在预展场内很多人找钱老师，也有媒体现场采访他，看着钱老师忙得不可开交，我们见缝插针，直奔主题。我问道："那只嘉靖金钟杯图录说是'日本关东私人旧藏'，能说明出处吗？"

"是日本一个著名古董店的经理拿出来的，曾在伦敦苏富比上拍过，有记

| 娇黄釉金钟杯 |

录。"钱老师回答。

"是吗? 怎没见到杯上有伦敦苏富比的标签呀? "

"有的，原藏家抠下来放在包装盒里另外保存着，有记录可查。"

"估计会什么价成交? "看钱老师忙得团团转，我问得非常直接。

"成交价不好说，原藏家是 108 万购得，正常要在 120 万以上。"钱老师也答得很真诚，没有藏藏掩掩。

"啊? "我倒吸一口冷气，图录只是 60 万起拍而矣。

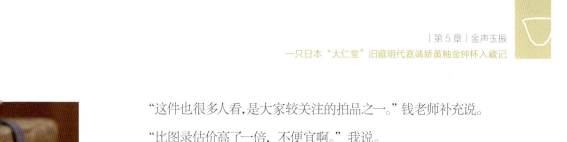

"这件也很多人看，是大家较关注的拍品之一。"钱老师补充说。

"比图录估价高了一倍，不便宜啊。"我说。

"我看就一百二三十万敲槌了。"钱老师回答。

那个下午，我脑子里就想着 120 万的事，一个杯子，到底值不值呢？因为以往没留心过这种器物。

不懂就问，兼听则明，在京城老师多着哩。

我马上向"佳趣雅集"的学术顾问金立言博士请教："金博士，请教一个问题，这次'观唐皕榷'上拍了一件嘉靖朝的金钟杯，据说金钟杯的等级比碗要高很多，可视作立件看。这种说法对吗？谢谢！"

金博士马上回复我："可视为立件一说从未听说过。但金钟杯造型优雅，存世少过盘碗的确无异。类似品种见保利曾拍过一对及香港竹月堂藏品一件、上海苏平藏有一对等，数量稀少。"

我又向北京明成馆郑里大哥请教金钟杯的市场价格，郑大哥回复说："金钟杯一直是路份较高的东西，去年保利的一对曾卖过 900 多万。这只 60 万，如果是没有问题的话，当然是很便宜了。"

"它的等级是否比碗盘高很多呢？"

"是的，金钟杯是嘉靖名品，有青花的、黄釉的，这种杯型价格非常贵，反正这种杯型，高峰期一只杯就卖过两百多、三百万。"

小女子寒夜披衣，查阅相关资料。

金钟杯造型似金钟倒仰，由此而得名，也称仰钟杯。同时也因像铃铛倒置，故也有叫铃铛杯、磬式杯。

金钟杯几乎仅见于嘉靖一朝，其他朝代暂未有所见，花色有青花、蓝釉、黄釉等，造型秀雅，品格不俗，成为嘉靖官窑瓷器中的上乘之作。仇焱之及赵从衍旧藏有类似的对杯。仇焱之旧藏 1981 年 5 月 19 日售于香港苏富比，编号 452，赵从衍旧藏 1986 年 11 月 18 日售于香港苏富比，编号 68。

"玫茵堂"也藏有一对，与本品基本一致，见《玫茵堂中国陶瓷》1994 年版，卷 2 编号 698，后在 2011 年 4 月 7 日售于香港苏富比，编号 62。据说是上海大藏家苏平所得，他也是"佳趣雅集"的理事。

英国大维德爵士的藏杯与此相近，现藏于伦敦大英博物馆，见《大维德藏中国陶瓷艺术品》(*Illustrated Catalogue of Ming and Qing Monochrome Wares in the Percival David Foundation of Chinese Art*) 1992 年版，编号 A595。

另一单只曾在 2000 年 5 月 2 日售于香港苏富比，编号 506。

而仅仅在约半年前的 2016 年 6 月 7 日，北京保利春拍"大明格古"专场也售出一对明嘉靖娇黄釉金钟杯，与这件拍品类似，编号为 8513，成交价为 908.5 万元。

有相关资料信息参考，而且有金博士和郑里大哥指点，我就心中有数了，120 万、130 万就举吧。我回复了张志大哥："那对乾隆柠檬黄小盘不要了，谢谢张大哥！我在考虑嘉靖黄釉金钟杯。"

"紫禁城遗珍"作为"观唐皕榷拍卖"首秀的重点专场，整个市场宣传推广都是围绕着这个专场。

易苏昊先生撰文说："'紫禁城遗珍'的每一件器物均来自紫禁城，他们是明、清两代帝王精致生活的缩影，这些精美绝伦的艺术品作为帝王和大师们物化的精神载体，仍散发着灿烂的光芒，默默地向人们诉说着过去的宫廷岁月。对

玮瑜说瓷

路份：指瓷器的档次，是对瓷器的综合评级。路份越高，瓷器的综合品质越高。

艺术品本身来说，文化内涵决定了它的收藏价值和经济价值。"

这是春节前京城最后一场拍卖会了。"紫禁城遗珍"设为夜场，这个专场名字也起得非常好，加上宣传和名人效

| 冯玮瑜参加"观唐皕榷拍卖·紫禁城遗珍"预展 |

应，晚上来参加拍卖的人还挺多。我也早早进场，选择后排的位置。少倾，见张志、保利拍卖厦门公司的总经理郭仲桦、陈珊夫妇也陆续进场。华艺拍卖的周总也到了，我帮他留了位置坐在我旁边。他认识的朋友多，不停地打招呼，看他应酬得团团转，小女子是"槛外人"，乐得清静自在。

拍卖开锣，我对其他拍品都不感兴趣，坐看云卷云舒。看场上此起彼伏举牌的花开花落。周总在我耳边不停地悄悄评述，他是"槛内人"，有高人指点，印证现场，旁观者清，洞晓天机、看破世情的感觉油然而生。

拍卖激战正酣，周总忽然说："天物馆的人来了，我去打个招呼。"说完就起身走去门口。我也扭头去看，看见上海天物文化博物馆的汪保利先生拿着图录站在拍卖大厅门口，周总跟他在嘀咕商量着什么。汪保利也是"佳趣雅集"群里的朋友，我们有时也私信一下，但不太熟。

好长一会儿，周总面有得色地回来了。他摇头晃脑地说："好在过去了，又帮你搞定了！"

"啥事？"

"劝退了天物馆。原来他们也看中了金钟杯，而且做了功课，查到金钟杯在伦敦邦翰斯有上拍记录，我问他们准备出多少价。他们说预计 140 万

元人民币，这不是把你的好事搞黄了吗？我把他劝退了。"周总得意地说。

"啊？"我有点吃惊，原来汪保利先生是来抢果子吃的啊！我又有点担心："有这么容易劝退吗？"

"交换嘛，我把629号拍品'御赐为国藩辅'水晶印章让给他们拍，我不举牌了。"

"啊！"我再次吃惊："这岂不是又坏了你的事？不行不行，别这样了，还是各自随缘吧。"

"已说好了，没关系的。成全你嘛。"周总此刻好像不是小兄弟了，而是江湖大哥。

轮到这只金钟杯拍卖时，由60万元人民币起拍，有几只牌在举。我眼观六路，耳听八方，看看竞争者在哪里。当叫价到100万元人民币时，站在拍卖大厅右后方的天物馆汪保利突然扬手举了一下牌。

哎，刚才不是说好了吗？

我突然想起张志说过的一个故事，两个月前纽约佳士得秋拍，他看中的一件东西，见到国内杭州的一个朋友好像也有兴趣，就对那个朋友说这件东西我想拿下。那个朋友说："行行行，我保证不举，让给你。"拍卖时，那朋友果然没有食言，一直没举牌，当张志举到16万美元时，已经没人应价，拍卖师正准备敲槌时，没想到那朋友突然举牌了。

上海天物文化博物馆汪保利先生（右）与冯玮瑜合影

张志顿时懵了，不是明明说好的吗？再争就两败俱伤，于是放弃了。结果那朋友以高出张志一口价拿下。后来张志半开玩笑半认真地说："没想到关键时刻给你来一刀的，就是你的朋友。"——此话让我印象深刻。

| 冯玮瑜参加观唐的权拍卖会 |

那个朋友我也认识，是国内知名的大行家，屡见其在拍场上掷出大手笔。他后来对张志道出了他的苦衷：是代一个客户举牌。在这个圈子，低头不见抬头见，大家都能体谅。世上有买不完的好东西，来日方长。张志和他现在依旧是好朋友。

什么君子协定，只不过是场面话，当不得真。但我想，好东西才有人争，这印证了此金钟杯确是好东西。

反正场上不止他一个在竞争，没关系，大家就举一举，比试比试吧。

场上竞争在继续。汪保利举到 120 万元人民币后就退出竞价了。这时场上还有三只牌在竞争，每一口加价是 5 万元人民币……到 150 万元人民币时，其他两只牌已退出，眼看我就要胜出时，右前方座位突然冒出个新买家举牌了，是一对男女，不认识的。真正的对手总是在最后时刻才出手的，这样的对手绝不能小觑，因为 150 万元人民币才是他的起点。这时举牌速度已经放慢，每举一下都要等一会儿。双方都在咬着牙关拼心理、拼对金钟杯的喜爱度，价格一口紧接一口，慢慢叫上去。

当争到 170 万元人民币时，我觉得太高了，准备放弃，旁边的周总建议说：

| 日本原包装木盒及包装锦囊 |

| 娇黄釉金钟杯 |

"再加多一口吧,东西难得啊。"我觉得也是的,都举到这个份上了,不妨再举多一口:175万。这时对方还想举,但被旁边的女子拽住胳膊,遂就放弃了。因为我坐在他们后面,对手再隐蔽的一举一动也逃不过我雪亮的眼睛。

"175万。"拍卖师槌声一响,金钟杯花落我家。那一刻的感觉不是兴奋而是心疼,出血价啊!算上佣金要200万啊!

落槌不到1分钟,还没回过神来,郑里大哥来电了:"你在观唐现场吗?我今天没在,我刚才看见举到175万落槌,你举到多少啊?是你买到吗?"

"是我买到了。"

"恭喜恭喜,买得挺好。好东西应该有好价格,这个价格还不是很贵,我觉得还是买便宜了。"郑大哥说。

"谢谢郑大哥指教!"

"还是你眼光好,恭喜黄釉瓷收藏更进一步。"

郑大哥说不贵,小女子的心情稍为平复了一些。

我马上发微信给天物馆汪保利先生:"多谢承让!"

等了一会儿汪先生没有回应,可能他是给周总情面,不知道背后是我,我说明了一下:"金钟杯。"

"哈哈。"汪先生马上回复我。

随后他马上再发"恭喜!好东西啊!"

几个月后,2017年5月27日华艺国际春拍,我跟汪保利先生在拍场不期而遇。汪先生马上解释说:"金钟杯我是代朋友举的,在现场见你举得那么果断,志在必得的样子,我就劝朋友不要举了。"汪先生还说:"你选择黄釉瓷做系列收藏,起点真是高啊!黄釉瓷器本来就是皇家的御用器,老百姓僭用要被砍脑袋。全黄釉瓷器只有皇帝、皇后、皇太后才可以用,那就更是御窑里的顶级品种。黄釉金钟杯是名品,尺寸较大,还有一种小一号,你以后多留意。"谢谢汪先生赐教。

周总见我竞得后，不等本场拍完，就非常热心地拿着我的成交确认单去找易苏昊签批佣金折扣，易苏昊和钱伟鹏老师正一起高坐在委托席上观战。周总回来悄悄对我说："要七天内付清款。"君子信人，我也守约按期付清款项——此乃后话。

周总回到广州后，专门帮我找到另一件嘉靖青花金钟杯的资料发给我参考。他说："已经查过了，'玫茵堂'那对杯，两只杯子写款不一致。保利那对釉色比你这只要淡。"真是好兄弟啊！

这只金钟杯刚敲槌，在现场的"大象视界"项立平先生随即在朋友圈发了这只金钟杯的现场成交图片，配上文字说："用来喝茶不错。"

| 冯玮瑜鉴赏金钟杯 |

我就私下微信他："欢迎来我家喝茶。"

大象（项立平自称"大象"）又惊又喜："姐姐，是你拍到的？"

"是的，看见你坐在前排，就没去打搅你。"用金钟杯喝茶，货真价实的帝王享受啊，虽然比不上刘益谦用成化鸡缸杯喝茶，也够奢侈了。

标已竞得，没等"紫

｜中国嘉德与"佳趣雅集"春节团拜会｜

禁城遗珍"专场拍完，我就提前退场了。

走出拍卖厅，在外面过道上，看到躲在那里抽烟的张志和郭仲桦，两位大哥关心地问我："拍到什么了吗？"

"拍到了，那只嘉靖金钟杯。"

"多少钱下槌的？"

"175 万。"

"太好了！真便宜啊！保利那对拍了 900 万呐。"

郭仲桦大哥还说："这只釉色比保利那对还要漂亮，黄釉更莹润，保利那对略为偏淡。恭喜你！"

大家都说好，我顿觉落槌价也不贵了——东西好啊！心里找到这个理由，马上又美滋滋的。

第二天，张志发微信朋友圈：那对乾隆柠檬黄小盘他也拍到了。

各有所得，皆大欢喜。

第二天晚上，"佳趣雅集"2017年第一次理事会议在北京举行，中国嘉德陶瓷部于大明总经理和张迪经理请"佳趣雅集"理事春节团拜，翟健民、卞亦文、郑健生、梁晓新等古董届的前辈大佬悉数到场，开会前大家谈起了这场观唐拍卖，各位大佬对小女子拍下这只嘉靖金钟杯都称赞不已。

这只金钟杯，器形如金钟倒挂，深弧壁、撇口、圈足，造型秀美，细腻温婉，内外施黄釉，釉色娇艳纯正，与弘治朝的娇黄釉瓷无异。底书"大明嘉靖年制"六字双行双圈楷书款，底部也施黄釉。明代黄釉瓷器一般底部施白釉并书青花款字，似此杯底部也施黄釉者，极为少见，也许宫中使用的级别更高。

嘉靖皇帝是明朝皇帝中性格最倔强的一位，他以藩王之子身份入继大统，在位45年，由刚执政时的"大礼仪"政争开始，与朝臣发生多起政争。无休止的礼仪，无休止的争论，无休止的指责，嘉靖烦透了。虽贵为皇帝，但举目朝臣，尽是迂腐之辈。所谓清流，不过沽名钓誉之徒，真让人鄙视、生气、生恨。对着这些大臣，真是越来越没意思。后期嘉靖皇帝竟破天荒地坚持27年不上朝，直到驾崩。不上朝就不用见那帮讨厌的朝臣，但不上朝不等于不理政，整个明朝的政治、经济、军事和民生大权始终由嘉靖牢牢掌控。

《明史》赞曰："世宗御极之初，力除一切弊政，天下翕然称治。""晚年虽不御殿，而批决顾问，日无停暑。虽深居渊默，而张弛操纵，威柄不移。"嘉靖诸事不顺，求之道君，可以消烦。日积月累，渐成寄托。道教是祖宗家法，祖宗永乐帝奉真武大帝为护法神。宫中本有道教传统，笃信崇道，顺理成章。若大帝国，权柄亲持，几多俗事，真不似一篇青词，焚香祷告，来得轻松自在。深宫大院，不如在大高玄殿修玄、斋醮；贵为皇上，怎似少年时。

嘉靖后来醉心道教，宫中所用物品及纹饰多有道教色彩。金钟杯光素无纹，黄釉一色，卓然不群，散发着至高无上的皇家风韵。想当年嘉靖烦厌朝臣，惟在后宫西苑，意气稍平。手捧金钟杯，如捧秋月，仰望一轮明月，天上人间，两相辉映。惟清风明月，不负朕心。金杯在手，明月当头，与尔同销万古愁。

　　数百年的流传，依旧那么赏心悦目。用手轻扣金钟杯，声音清脆，悦耳动听，如金声玉振一般。这等名贵之品，小女子真舍不得用它来喝茶，还是玩赏为好。

　　付完拍品款项及佣金后，我追问观唐莳榷拍卖公司此杯的来源。观唐莳榷的钱诚先生回复我说："此杯最早由日本东京古玩店 Daijindo Gallery 的 George Lee 先生卖出，委托方在伦敦苏富比私洽购得。"

　　得知此杯出处最先在东京，我马上联系金立言博士了解日本东京古玩店 Daijindo Gallery 的来历。因为金博士曾留学日本，对日本古玩界谙熟，请教他最合适不过。

　　金博士很快就回复："日本东京古玩店 Daijindo Gallery 的中文译名是'大仁堂'，George Lee 先生是华侨，日本出生长大，日本名叫'高树让治'，挺有名气，经常出现在国际拍场，在古董界较活跃，下次我介绍你认识他。他爷爷的名气更大，叫李汝宽，以漆器收藏著称，'千文万华'专场在佳士得已拍卖了两三次。'大仁堂'走的是较高端的路线，日常不对外开店营业，而是采用预约方式来经营。"

　　据资料介绍，李汝宽（Sammy Lee，1902～2011年）是世界著名的美术考古学家、收藏家，尤其是在漆器和古地毯收藏领域享有盛誉。

　　2008年12月3日和2009年12月2日，李汝宽先生和其长子李经泽先生在佳士得香港举办了两场"千华万华——李氏家族漆器收藏"专拍，引起巨大反响。原来此杯出自东京有名的古董店，也在伦敦苏富比上拍过，来源清晰有序。

我付款后，专门微信钱伟鹏老师："钱老师说过那只金钟杯有在国外上拍的旧签，请找出来放在包装盒里。"

"苏富比伦敦标签全在日本原包装的两层套内。放心！"钱老师回复。

"谢谢钱老师！"

"今后有什么特别想要的东西可以告知我。"钱老师说得特别热心和仗义。

"钱！"我也答得直接干脆。

一句戏言，吓得钱老师再不敢回信息，从此杳无声息。

嘿嘿，怎的姓"钱"的反倒怕起"钱"来了？

呵呵，一言吓走钱老师，从此莫问奴归处。

此杯是由钱老师的公子钱诚先生送来广州交给我，我特别留意那标签还在否。结果找来找去没找到，我马上对钱诚先生说："我个人很看重流传纪录，会把这个标签看成是器物价值的一部分。从拍卖前到您送来货，一直都说标签在。"

见我说得很认真郑重，钱公子拍着胸口保证："放心，回公司一定会帮您找回来，另外也会送一本当年苏富比拍卖的图录给您。"于是我喜滋滋地收下了金钟杯。

文玮兄知道我拍了这只金钟杯，二话不说，就把2013年5月的伦敦苏富比拍卖图录寄来了。我打开图

| 钱诚先生（左）与冯玮瑜合影 |

录查看编号 110 的金钟杯图片，与实物反复对照，确认是同一器物。

此杯造型洗练，全身只有一色黄釉，莹润柔美，细腻温婉，处处体现了极简主义的美学思想，与现在的审美观念不谋而合。

数百年前的一件皇家旧物，到现在依然那么秀美动人。

美，可以穿越时空，穿越历史，这才是真的美！

《周易·乾·文言》曰："云从龙，风从虎。"

汉代王充《论衡·偶会》曰："良辅超拔于际会。"

回首金钟杯的入藏过程，处处恍似意外所得，却事事有迹可循。原本雾霾笼罩的北京，当我到达时，云开雾散，碧蓝如洗；待我回到广州，原本彤云密布、阴冷潮湿的广州，霎时阳光灿烂，天暖融和。原以为买高了，江湖众位大哥却说买得便宜。可见风云际会，天随人愿，并非虚妄。

南朝齐·王俭《褚渊碑文》曰："金声玉振，寥亮于区寓。"

一元复始，万象更新。金钟入手，瑞气临门。2017 年这个春节过得有滋有味，小女子随后便去国外游山玩水了。

怀金垂紫，钟鼎山林。前尘往事，莫问春风。

| 苏富比拍卖图录 |

2017 年 10 月 4 日，正值中秋佳节、人月团圆之时，晚上 9 点，香港中文大学文物馆前馆长林业强先生发来微信说："我终于落实了 10 月中来景德镇参加你的'黄承天德'展览开幕式及研讨会，我预备了发言及 PPT，题目是《明清黄釉官窑瓷两题：文献与实物考证例》，主要介绍香港几个包括天民楼在内的官窑黄釉器收藏，引证《江西省大志》和《造办处档案》，就各标本的辨识和更确切的断代进行讨论。"有林馆长亲自从香港来景德镇共襄盛事，这是大好事，我喜不自禁。

林馆长问："尊藏的嘉靖黄釉金钟杯的高、径尺寸可否赐下参考？这类杯、盘、碗，《江西省大志》有记载。"我就把图录所标示的尺寸发给了他。

过了一会儿，林馆长又问道："图录金钟杯只有高度，有否口径？是否如大维德的也是 12.1 厘米？"他一并把大维德所藏的金钟杯资料和图片发过来，说："如然，则就是《江西省大志》所载的嘉靖'茶钟'了，还有小一点的叫做'酒盏'。"

林馆长真是认真细致啊，对藏品的每一处细节都要考究清楚，这是老一辈学者的治学态度，我顾不上花园赏月了，马上去把金钟杯拿出来，认真再量度一次尺寸：口径为 12 厘米，高度为 8.1 厘米，足径为 4.1 厘米，果然与大维德爵士所藏一致！我的情绪也兴奋起来，我还没与大维德爵士所藏金钟杯做过对比呢，今晚才知道原来一样大小的，有同类可证。我马上复林馆长："三人行必有我师焉，林馆长治学严谨，言之有据，做学问当如是！恨不能早拜识林馆长，真憾事也。林馆长区区几句，让晚辈如醍醐灌顶，茅塞顿开。月圆之夜，得林馆长赐教，其乐何如。"

从窗外不时传来的烟花爆竹声和儿童赏月玩耍的喧哗声到四周一片寂静，我们一直谈到深夜子时。

在这个中秋之夜，一老一少一起探讨金钟杯以及嘉靖黄釉器之种种，林馆长学识之渊博，理据之充分，让我受益良多，特别是他严谨认真的治学态度，给我上了一堂有益一生的课。

大英博物馆、香港中文大学，大维德爵士、林馆长和我，这些天各一方的人和事，看似风马牛不相及，因为金钟杯，彼此之间有了某种联系。

月挂中天，银光泻地，此时，此地，此人，天涯共此时。

年年岁岁，一样的月色，此夜此时，不一样的人和事，2017 年这个中秋之夜，令我难以忘怀。

"但愿人长久，千里共婵娟。"（摘自《水调歌头·明月几时有》）

不受"市场情绪"的影响

冯玮瑜近年频频出现在拍场的身影,逐渐引起了行内人的关注,而她收藏的瓷器,更时常成为话题。日前,她的新书《你所不知道的中国收藏》更披露了不少拍场趣闻。

——摘自梁志钦:《收藏家冯玮瑜从捡漏一件清康熙

郎窑红釉梅瓶为例谈收藏心得》,《新快报》,2017年7月22日

深圳电台《文化星空》主持人:我有两个巨大的门槛:一是审美达不到层次,分辨不出来哪些东西值得收藏;二是很担心亏损。

冯玮瑜:我在创作此系列书的时候,在每一篇故事后面,专门增加了理财经验总结,以简单明了的语言告诉大家,怎么进入收藏。比如梅瓶的例子可以告诉大家,从熟悉领域或被美术史鉴定过的经典器物入手,这种美为广大人群接受,以此降低风险,保证本金安全。

——摘自深圳电台《文化星空》节目,FM89.8,2017年7月10日

知名投资人贾森·茨威格(Jason Zweig)认为,投资是一种独特的赌博游戏,只要你按照有利于自己的规则去参与,最终就不会赔钱。收藏作为一种投资途径,也有一些类似之处,但不同之处是,收藏人士更加倾向"长线持有"。

社会心理学家古斯塔夫·勒庞(Gustave Le Bon)通过大量研究,创立了一个细

分门类：群体心理学。他认为群体绝不仅仅是聚集在某地的一群人，它也有可能是数千名相互隔离、分散在各个地方的个体。借用他的理论，我们可以认为，与股市一样，收藏也是一个群体，也都符合群体的特性。群体的特性如下：

特性一，约束力。当我们意识到，自己属于某个群体时，会感到一股群体的力量，且受到它的约束，遵守一些规则。即使没有外界力量，群体成员也会自觉遵守一些规则。也就是我们所说的每个圈子都有每个圈子的游戏规则。

特性二，感染力。勒庞认为，成员一旦加入群体，自己的个体思维就会受到群体的共性思维感染，会自动服从群体的本性意识。通俗地说，个体会被群体感染，但却很难感染群体。

特性三，催眠力。这是群体力量的高级形式，也是一种被迷惑的状态。即使某些服从者感受到自己被他人控制，但却无力改变或心甘情愿地被控制。一些神秘教派或传销组织充分利用了群体的这一特性，控制了许多"信徒"或"下线"。

受到群体思想和行为的感染，容易产生从众的思维模式，缺乏独立的思考能力，群体智商不见得高于个体智商。所以列宁说："真理往往掌握在少数人手中。"

市场情绪是一个群体情绪的综合反映，常常会因为过激而放大。群体越大，每个个体就容易人云亦云，那么我们或许应该在远离它的地方做出决策和制订收藏计划，要有自身独立的见解。就像巴菲特一样，长期生活在美国小城市奥马哈，却战胜了千里之外的华尔街。

人性有情绪波动的弱点，会被"市场情绪"裹挟，我们要保持铁一般冰冷的判断，在市场恐惧时很淡定，在市场狂热的时候，依然很淡定，因为我们是真心喜欢自己收藏的艺术品。

相信自己的眼光，选择自己喜欢的藏品，不被市场所左右，保持独立思考尤为重要。"三十年河东，三十年河西"，市场在变，热点也在变，然而是金子总会发光的。

| 黄釉折沿盘 |

陆

第6章

剑合钗圆

一对
明代万历黄釉折沿盘
入藏记

藏品：黄釉折沿盘（一对）　　　　　来源：日本收藏家山根拓郎先生旧藏（传）

年代：明万历　　　　　　　　　　　　香港苏富比 2015 年秋拍　编号 3669

款识：青花楷体"大明万历年制"　　　广州华艺拍卖 2015 年秋拍　编号 1283

　　　六字双行外围双圈款

尺寸：口径 12.2 厘米

2015 年 10 月，著名收藏家冯玮瑜收藏

　　该盘形小巧精致，胎质细密，内外壁满施黄釉，唇口外缘积釉处尤显肥润。内外壁全黄釉瓷器，素为明清官窑的高贵品种，其烧造受到严格控制，是唯有帝、后才能享用的饮食器皿。黄釉是明代皇家身份象征，万历时期并存在白釉上覆加黄釉和涩胎加黄釉两种施釉工艺，此盘为前者。万历时黄釉釉色深浓，釉层较厚，虽无娇嫩之感，但却多几分端庄。

　　"剑合钗圆"典故出自《紫钗记》。《紫钗记》由明代戏剧家汤显祖根据唐代传奇小说《霍小玉传》改编而成，它是汤显祖"临川四梦"中的第一梦（其他三梦：《牡丹亭》《邯郸记》和《南柯记》）。主要情节为：唐大历十才子之一的李益元宵赏灯，邂逅才貌双全的霍小玉，两人一见倾心，随后以小玉误挂梅树梢上的紫钗为信物，喜结良缘。不久李益高中状元，但因拒绝欲招其为婿的卢太尉，被派往玉门关外任参军。李益与小玉灞桥折柳伤别。三年后李益还朝，卢太尉将其软禁在卢府，并两头挑拨：一方面散播传言，说已招李益入赘为婿；

｜粤剧名伶剧照｜

另一方面又说霍小玉另嫁他人。小玉与李益三年不通鱼雁，不明就里，痛恨李益负心，一病不起。幸有侠客黄衫客慷慨相助，两人得以相见，冰释前嫌，重谐连理。

　　"剑合钗圆"就是写李益和霍小玉重会的那一段戏文。两人渡尽劫难，重执子手。由抱怨到释怀，由绝望到惊喜。剑合钗圆，即夫妻团圆之意。

| 平安大戏院和八和会馆 |

　　我自小生长在广州西关，就是广州市井坊间俗语"东山少爷、西关小姐"中那个出美女的地方。旧时广州，东为豪门，西为富户，东山是官宦人家的聚居地，西关是巨商大户的家园。西关位于广州城西，是著名的广州老城区，特有的麻石板街、西关大屋，满洲窗，趟栊门……充满浓郁的广府风情。西关除了有"十三行"因"一口通商"政策成为清代全国对外贸易中心而闻名于世外，也是粤剧兴盛之地，粤剧全人行会组织"八和会馆"就坐落在西关，粤剧后人至今都自称"八和子弟"。不少粤剧名伶"大老倌"也住在西关（"大老倌"是旧时民间对粤剧表演艺术大师的尊称，例如马师曾、红线女等），至今尚能寻到其旧居余韵，让人凭吊缅怀一番。闲暇之时看粤剧，广州话叫"睇大戏"，在西关蔚然成风。记得我小小年纪就跟随大人去上下九路的平安大戏院看粤剧。锣鼓一响，"笃笃，撑，笃笃，撑……"铿铿锵锵，热闹非凡。台上才子佳人，俊俏靓亮，让人笑逐颜开。

粤剧大多是有套路，情节曲折，故事凄美，结局大团圆。年幼的我印象深刻，"剑合钗圆"是我喜欢看、喜欢唱的一段粤剧戏曲。没想到在我的收藏过程中，竟也亲历数件藏品剑合钗圆的故事，仿佛冥冥之中自有天数。

最近的一宗就发生在 2016 年，那是一对明代万历朝黄釉折沿盘聚散离合的故事。

明代万历朝距今已逾 400 年。历经明清易代的天崩地坼，八国联军入侵的兵燹，民国军阀割据的战乱等，万历宫中的御用瓷器，流落民间仍能保存完好者，少之又少。

在 2015 年 10 月 7 日的香港苏富比秋季拍卖会上，一件编号 3669 的全黄釉"大明万历年制"款识折沿小盘引起我的注意。虽然我的藏品里已有万历的黄釉盘，且尺寸比苏富比这件要大些，但苏富比这件定价才 6 万

｜雨望·黄釉折沿盘｜

| 黄釉折沿盘 |

至8万港元，而拍品又是完整器，性价比非常诱人。或许就是这个原因引起大家的关注，拍卖现场出乎意料地有多支竞价牌在你争我夺，场面热闹，气氛热烈。我终以30万港元竞得，比低估价足足高出5倍之多。

该盘敞口外撇，圆唇，浅腹，腹壁斜收，腹底圆收，矮直圈足。圈足内施白釉，釉色白中闪青，釉层饱满匀亮。盘内、外遍施黄釉，釉色淡黄，釉面肥厚。外底署青花楷体"大明万历年制"六字双行外围双圈款识，青花发色浓暗，字体周正。此盘造型端庄典雅，当为明万历朝官窑瓷器之精品。

虽然价格稍贵，收到了也是满心欢喜，毕竟又多一件明万历黄釉官窑器入藏我的收藏系列。

没想到两个月后，又有一件万历黄釉盘出现在华艺国际2015年秋季拍卖会上，编号为1283号。两件极其相似，大小、制式都一样。奇怪，哪有这么巧的事？我拿着两本图录反复对比，又打开电脑，放大款识来比较，左看右看，都觉得款识是同一人所书，觉得它们是一对。华艺的图录还注明："参阅2015年香港苏富比秋拍3669"。殊不知那件已在我手，这不就是跟我自己的藏品做对比吗？

到预展时我上手认真研究，不但尺寸、釉色、圈足一致，同样隐约见拉坯的圈纹，连釉面都同样有星星点点不规则的略深黄点，两盘工艺特征具有一致性，款识大致出自同一人之手。像！简直太像了！难道是现代高仿？

玮瑜说瓷

蛤蜊光：含铅的釉上彩瓷器、低温铅釉瓷器、粉彩瓷器经过几十年至一百年后，彩釉表面自然会氧化出一种彩色光，迎光侧视，隐约可见五光十色的光芒闪烁于彩釉表面，类似蛤蜊壳里面那种闪烁的"彩光"，故人们称它为"蛤蜊光"。

但看胎、釉、包浆和蛤蜊光，应是明代的东西无疑。

我忍不住向陪我看预展的华艺拍卖陶瓷部总经理周俊问该盘的来源。

周总和我是多年的朋友，但私谊归私谊，涉及拍卖行业或拍品的禁忌，他从不透露，我也从不过问，大家都是明白人。他口风捂得很紧："来源很好，东西绝对开门。"他边说边介绍此盘的万历官窑特征，至于来源嘛，就是刚才"很好"两字，不再提及了，说了等于没说。自己想想也好笑：拍品是华艺的，也许就是他征集回来的。你问他来源，囿于商业秘密和职业道德，他还会说出子丑寅卯吗？他是答了等于没答，我是问了等于没问，糊涂人问糊涂事。我们相视会心一笑，就此按下不提了。

我打电话向曾波强老师求证，他说看了预展再复我。

曾老师是我极尊敬的前辈，他是广东省文物鉴定委员会委员、广东省文物艺术品行业协会副会长、广州市文物总店原总经理、知名陶瓷鉴定专家。广州市文物总店是广东藏品最多的国营文物店，曾老师上手过的古董文物不计其数，眼光精准，经验老到。第二天曾老师回复：东西到代，品相完美，是对的。

果然是英雄所见略同，心就定了下来：一定要把这件拿下，配对！

我没有跟任何人说苏富比那件在我手上，包括曾老师。这回要凑对了，心里笃定拍卖前啥都不能透露，不能做长舌妇。话一多，就得花更多的冤枉钱。

此盘估价 10 万至 15 万，拍卖时波澜不惊，我以 11.5 万元成交价竞得，没人跟我争抢，阿弥陀佛！

东西拿回来后，两件打开一对比，跟事前做的功课一模一样。果然尺

寸、 釉色、款识均无二致，只是手感胎体略有轻微厚薄之分（个人认为这是因为工匠手工拉坯制作，不是机械化生产的缘故，不可能每件完全一样），剑合钗圆，正好合成一对！

低温黄釉瓷创烧于明初景德镇官窑，以弘治时期制品最为名贵，至万历朝黄釉器烧造渐少，传世器中以碗较多，盘类尤少。

黄釉是明代皇家身份象征，万历时期并存在白釉上覆加黄釉和在涩胎加黄釉两种施釉工艺，此盘为前者。万历时黄釉瓷釉色深浓，釉层较厚，虽无娇嫩之感，但却多几分端庄。该盘形小巧精致，胎质细密，内外壁满施黄釉，唇口外缘积釉处尤显肥润。内外壁全黄釉瓷器，素为明清官窑的高贵品种，其烧造受到严格控制，是唯有帝、后才能享用的饮食器皿。

这对小盘，想当年在皇宫内院，弦歌盛宴，承欢御前，见惯荣华富贵。

145

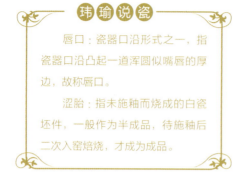

玮瑜说瓷

唇口：瓷器口沿形式之一，指瓷器口沿凸起一道浑圆似嘴唇的厚边，故称唇口。

涩胎：指未施釉而烧成的白瓷坯件，一般作为半成品，待施釉后二次入窑焙烧，才成为成品。

无可奈何花落去，一旦流落民间，绮罗弦管，从此永休。沧海桑田，各散西东。今日聚首，倘若有知有感，想必相拥而泣。

一个繁华时代的逝去，一段美好日子的消失……盛衰无常是永远无法逃避的悲剧，失散太匆匆，相逢不容易，那令人怅然的梦境一般的回首，是眷恋，是伤感，是九曲回肠对曾经有过的美好的追寻。

"折戟沉沙铁未销，自将磨洗认前朝。"（杜牧《赤壁》）

一念之间，流传数百年的一对小盘，又在人间重圆，善莫大焉。

剑合钗圆，成全一宗美事，胜造七级浮屠，还把均价拉低了，一举双得，心里特别舒坦。

我告诉曾老师："华艺的万历黄釉折沿盘我拿下了。"

"恭喜！买得不错。"

我接着说："而且跟我去年拿的苏富比那只刚好凑成一对！"

曾老师略一沉吟："苏富比那只感觉胎体厚一些哦。"

啊！我大吃一惊，他怎么会记得那么清楚？

即使预展上过手，几个月了，还能记住某件东西的厚薄感觉？一场拍卖预展，拍品琳琅满目，看了那么多东西，上手过那么多东西，能过手不忘，已是难得。几个月后依然记得这么清楚，已非常人。居然还能比较两个拍场、两件拍品间感觉上的差别，这是什么人啊？不得了啊！人家是这样玩收藏的！真让人佩服得五体投地，高手啊！

时任中国嘉德拍卖公司陶瓷部总经理刘越元旦后到访我家，我把这一

｜时任中国嘉德拍卖公司陶瓷部总经理刘越（右）与冯玮瑜合影｜

对万历黄釉盘拿出来与刘总共赏，本想王婆卖瓜，吹吹"剑合钗圆的故事"，哪知刘老师一上手就问："这不是去年五月香港上拍的？"

我说："不是呀，是10月份在苏富比、12月在华艺拍回来再凑对的。"刘总反复端详，微微一笑，娓娓道来："你这对万历黄釉盘，最早出现在去年5月香港横滨拍卖会，一套共五件，两件完好，三件有损，是一个标的一起上拍的。没想到后来又通过两场拍卖会，完好的两件都聚到你手。分分合合，好的都归你了，可喜可贺啊！"

哇！又是个了不得的高手啊！

一件东西的来龙去脉，前世今生，仿佛让他一眼看透。人家是这样玩收藏的！真让人佩服得五体投地，高手啊！

香港横滨拍卖？香港近在咫尺，去年5月份我还在香港参加春拍呢，居然没听说过这个拍卖，真是孤陋寡闻。

我当晚就上网查。果然，香港横滨国际拍卖在2015年5月30日举办春季拍卖会，其中第0001号拍品就是一组五件明万历黄釉盘。

我把图录上的五只盘逐一放大，与自己的两只仔细核对。这些都是手工制品，而且是柴窑烧制，每件都有自己的特征，例如釉面片纹、缩釉点等，就像每个人的指纹都不同。我对来对去，认为图录左边两件与我的藏品特征基本一致。

横滨拍卖注明来源：此拍品由日本收藏家山根拓郎先生提供。

山根拓郎是谁？

恕我才疏学浅，真的不知道。不过图录特地注明的日本收藏家，想必不是泛泛无名之辈。

我把这事告诉曾波强老师，这回轮到他大吃一惊："啊？不是吧？不是嘉德的拍品，跟他们一点关系都没有的东西，刘总连在哪里上拍、出处在哪里都记得一清二楚啊？厉害啊！"

收藏这个江湖里，曾波强老师是高手，刘越老师也是高手，藏龙卧虎，高人辈出哪！

其实，内心惊骇万分的是我：前辈高手林立，深不可测，收藏这个江湖，高人都聚到一起了，我一个纤纤女子，怎在江湖行走呀？

这是什么年代啊！真是……真是……

转念又想到：机缘巧合，自己有幸得到这些收藏界的前辈高人指点迷津，自己不就更容易长进了吗？这是一个绝好机缘呀。自己要惜缘惜福，见贤思齐，一路修行，就算自身愚钝，但若学得每位前辈高人一招秘技，集腋成裘，也足以受用一生呀。

| 冯玮瑜与藏品 |

　　心中豁然开朗，《红楼梦》里宝钗不是说"好风凭借力，送我上青云"吗？

　　呵呵……

玮瑜谈收藏与理财

入对圈子跟对人，是成功收藏的捷径

以大象个人对于冯玮瑜收藏的了解，作为像冯玮瑜这样有着殷实实业支撑的收藏家，可能自身的鉴赏眼光远不如自幼科班出身的资深行家，但是之所以能够建立起如此可观的收藏体系，最为重要的一个捷径还是"识人"。冯玮瑜女神在圈内人脉极佳，一进入收藏圈，就能找到最为靠谱和值得信赖的资深大行为其掌眼。

——摘自项立平：《岭南黄釉女神冯玮瑜：你所不知道的中国收藏》，

《大象视界》，2017 年 7 月 31 日

戴尔·卡耐基（Dale Carnegie）指出，一个人的成功，20% 取决于他的专业技术，而 80% 则取决于他的人际关系。我在《你所不知道的中国收藏》一书和本书中，分享了与业内众多知名人士的交往细节。读者也会发现，有些收藏机会是朋友们主动推荐给我的，他们对我的收藏也提供了很多好的建议和专业意见。

在许多场合，我常被读者、观众、听众问道："收藏有没有通往成功的捷径？"我都会回答："收藏是有捷径的，那就是入对圈子跟对人。"如果大家看过我的"冯玮瑜亲历收藏系列"丛书就会知道，众多老师和朋友们给了我很大的帮助。

任何人都不会"生而知之"，都会有一个学习成长的过程。如何玩收藏，对于非专业人士，当需要不断地学习，练就鉴赏眼光。在这个过程中，识人甚至比识物更重要。"近朱者赤，近墨者黑"，一旦入错了圈子，进入了"国宝帮"的队伍，被

错误的观点、似是而非的理论所蒙骗，那就会误入歧途。如果能及时醒悟、壮士断腕，还可回头是岸；如果执迷不悟，或者虽然已知其非，但对于已投入的巨额资金，不敢承认错误，或想悄悄地找"接盘侠"、移祸他人，那就只有继续沉沦。

真诚相待，尊重对方，是做人的基本原则。日久见人心，不要抱着功利目的与别人交往，这样友谊才能长久，你身边才会有越来越多的朋友。在交往之中，懂得尊重对方，尽量让对方成为主角，这样朋友间的相处就会愉快很多。

我记得在"佳趣雅集"群里有一位上海藏友痛说误入"国宝帮"的经历：他曾被蛊惑拜某位"国宝帮"成员为师，向师傅买了不少宝贝。当时也有疑问：怎么师傅有那么多汝窑、元青花呢？师傅说："汝窑、元青花又不是一下子蹦出来的，它们一直有大量生产，有个不停烧造、不断发展的过程，所谓汝窑只烧制了20年、传世不足百件等说法是别有用心，不都是同一个窑口烧的吗？元代存世90多年，一直有烧制青花瓷，怎么传世就只有不超过百件呢？难道在那90多年里，那么多的窑口一年只烧几件？那瓷器烧造技术还能一代代传承发展吗？实际这些宝物民间存世还有很多。"师傅的理论听上去也有道理。后来他把那些东西送去拍卖公司，拍卖公司没说真假，只说不符公司要求，不收货。师傅又说拍卖公司最黑，没关系就送不进去。他又送去文物商店代售，文物商店也不收。有次他急需用钱，就跟师傅商量五折退回，可师傅也说近期资金紧张不回收，这时他才意识到不对劲，再找他们那个圈子外的专家鉴定，结果担心变为现实：全部都是赝品。由相信到怀疑，再到最后证实，他走过非常痛苦的心路历程，幸好理智战胜了感情，迷途知返，认倒服输，重新开始。

收藏圈子确是鱼龙混杂。有人的地方就有江湖，入错圈子跟错人，不仅仅是金钱的损失，更是人生的轨迹走歪了，最怕越陷越深，不能自拔。玩收藏，圈子很重要，什么样的圈子造就什么样的人，圈子的好坏往往决定成败。

名门正派与邪魔外道，往往在于你跨出的那一步。江湖云波诡谲，小心。

｜黄釉宫碗｜

柒

第7章

正大光明

一只
明代正德黄釉宫碗
入藏记

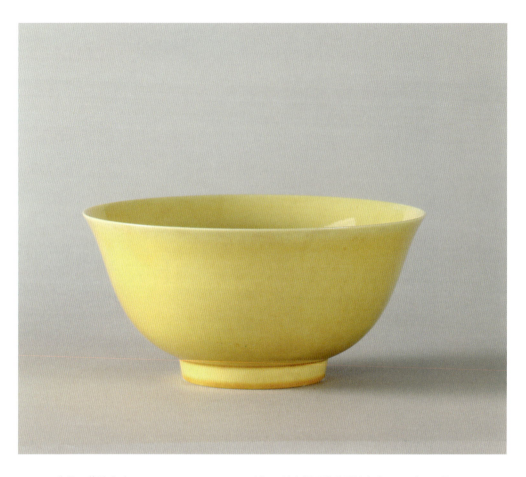

藏品：黄釉宫碗

年代：明正德

款识：青花楷体"大明正德年制"
　　　六字双行外围双圈款

尺寸：口径 17.7 厘米

来源：佳士得香港秋季拍卖会 2015 年 12 月 2 日
　　　编号 3184

2015 年 12 月，著名收藏家冯玮瑜收藏

　　该碗造型端稳周正，撇口、弧壁、深腹、圈足，碗底青花双圈内署青花楷体"大明正德年制"六字双行外围双圈款，底施白釉，白中泛青，其余全部满施黄釉。釉面清亮光洁，釉色匀净，品相良好，没有常见的使用划磨痕。睹之赏心悦目，抚之爱不释手，真御用佳器也！

2015 年 11 月 14 日，中国嘉德秋季拍卖会期间，中国嘉德与"佳趣雅集"合作举办了一场"瓷中佳趣"展览，我躬逢其盛，并应邀参加了雅集的首次聚会暨"瓷中佳趣"展览的开幕仪式，见证盛事。

"佳趣雅集"是慕港台地区的敏求精舍、清玩雅集而成立，"今有同道多人，好古聚学，慕前人秋契之意，雅集于京，名曰'佳趣'"。国内大部分知名古董瓷器藏家、行家群贤毕至，少长咸集，欢聚一堂。在这次雅集上我有幸认识了"佳趣雅集"的学术顾问金立言博士，他也是《瓷中佳趣》的主编。

金博士的大名早就如雷贯耳。他早年毕业于日本庆应大学，获艺术史博士学位，曾任职香港佳士得国际拍卖有限公司陶瓷部专家，也担任过中国嘉德国际拍卖有限公司高级业务经理。在日本期间，调研根津美术馆及出光美术馆等机构收藏的中国文物，学术论文频频见于《故宫文物月刊》等刊，在瓷器鉴定与研究方面颇有建树。

| "佳趣雅集"成立仪式邀请函 |

| 《瓷中佳趣》主编、"佳趣雅集"学术顾问金立言博士（右）
  与冯玮瑜合影 |

雅集结束回广州后，我们一直保持微信联系。金博士把收藏的康熙豇豆红釉瓷碗的视频发过来让我欣赏，我也把广州电视台《大藏家》栏目播放我的一集专题片发过去请他指教，他就知道了我喜欢收黄釉瓷器。

到了 12 月，佳士得香港秋季拍卖会即将开始，本场拍卖会全黄釉瓷器只有一件，就是编号 3184 的明正德黄釉碗。正德皇帝是我很感兴趣的皇帝，正如正德御瓷一样。因为明朝正德皇帝是中国历史上最特立独行的皇帝。

明代的大臣们一直按儒家思想来塑造和要求皇帝，他们要给天下万民营造出一个符合儒家礼法的有道明君，他可以英明地分辨出哪个是忠臣、哪个是奸臣，可以从诸多的奏折里聪慧地挑选出最正确的那一个。

不幸的是，正德皇帝刚刚相反！

正德继位于 1505 年，当时他还不满 14 岁，但他甫一登基就惊得满朝文武大臣满地摸自己的眼珠子！这位正德皇帝朱厚照的一举一动都是对儒家礼法、成训、祖制的反动！是一个彻头彻尾的反动派！一切推倒重来。

他是总督军务威武大将军总兵官；

他是太师；

他是镇国公；

他是大庆法王西天觉道圆明自在大定慧佛；

——这些都是他给自己封的官。

他还是杂货店老板——他在皇宫里开店，自己捋起衣袖当掌柜，卖货给宫女、太监等。

他还在皇宫中开设妓院——当然是模仿的，让宫女扮作粉头，自己挨家进去听曲玩乐，毕竟就只有他一个客人嘛。

他通晓佛经、梵语，而且经常穿着番僧的衣服诵读番经、演习法事，还在宫中亲自开坛讲演佛法。有宫女求出家，他这个大庆法王还亲自帮宫女削发受戒。

他是历史上大名鼎鼎的"豹房"男主人，那可是让男人一听就亢奋的地方。其实，"豹房"不仅仅是单纯游幸、沉溺于女色的离宫，同时也是正德居住和处理朝政之地。

他还是一个外语系的优等生，除了中文、梵文、阿拉伯文，竟然还会葡萄牙文，甚至可以跟葡萄牙使者直接交流。历史上中国和葡萄牙的第一次外交接触就是由正德皇帝接见葡萄牙使臣开始。

……

他的故事太多了。

正德十二年（1517年），蒙古鞑靼小王子统五万骑兵侵境。皇帝要御驾亲征，满朝文武官员坚决反对，理由充分，让皇帝无可辩驳，于是聪明的正德耍了个花招。他改封自己为"威武大将军"率军出征。满腹经纶的大臣们闻之如五雷轰顶，吃惊得目瞪口呆，劝谏的话都不知该说什么才好：古往今来只见"御驾亲征"，但没见过皇帝自己降职为大将军领兵出征。

正德率军到了长城，管理长城关隘的御史坚决紧锁关隘不准他这个"威武大将军"出关，他马上以皇帝的身份下令撤掉这位御史，然后用"威武大将军"身份领兵出关。迎着塞外的风雪，面对无垠旷野和五万彪悍蒙古鞑靼骑兵，皇帝横枪立马，威风凛凛，亲自督战，并冲入战阵，亲自斩敌一人，不顾险象丛生（史书记载"乘舆几陷"）。经殊死血战，终于击溃敌军。正德乘胜追击，取得最终胜利，史称"应州大捷"。据《鞑靼列传》记载："十二年冬，小王子以五万骑自榆林入寇，围总兵王勋等于应州。帝幸阳和，亲部署，督诸将往援，殊死战，敌稍却。明日复来攻，自辰至酉，战百余合，敌引而西，追至平虏、朔州，值大风黑雾，昼晦，帝乃还，命宣捷于朝。是后岁犯边，然不敢大入。"此战使得蒙古鞑靼小王子伯彦蒙可在正德当朝期间，再也不敢入犯。

想当年正德曾祖父英宗皇帝亲率二十万大军"御驾亲征"，却在"土木堡之变"中成了蒙古军的俘虏，丢尽大明帝国的脸面。而此次正德亲率五六万人抗击五万蒙古军，取得军事上的胜利，一洗前耻，殊为难得——多么威武的皇帝哟！

跟浴血沙场、开疆拓土、马上得天下的开国皇帝不同，古往今来有几个生于帝皇之家、长于妇人之手的太平天子有如此血性，敢于亲自冲锋陷阵、浴血厮杀？

他受不了紫禁城清规戒律的约束，置后宫佳丽不顾，在皇宫外西苑太液池西岸（如今的北海公园边上）一处园林中自建一处别宫，取名"豹房"，里面充盈着娼女、喇嘛、江湖术士。正德皇帝终日与他们厮混一起，连宦官都可以与他平起平坐，一同嬉戏作乐乃至通宵达旦地开怀畅饮而毫无拘束——多么有真性情的皇帝啊！想干就干！用不着表面满口仁义道德，内里满腹男盗女娼。

| 黄釉宫碗 |

　　即便是当朝风气极为看重的各种国家大典，正德也表现出超凡脱俗的通达。他祖母举行葬礼那天正好下雨，正德见满地泥水，不忍心让朝臣们滚一身一脸的烂泥巴，于是下令免除跪拜磕头。这本是一片体恤臣下之心，可人家不领情，那些正好借机会表示忠孝之心的朝臣们纷纷慷慨陈词来谴责皇帝："您这是忤逆之罪！您根本违背了孔孟之道，有失人伦。"——多么体贴臣子的皇帝啊！古往今来有几个这样的皇帝。

　　……

　　正德在位的十六年里，大明朝野就没消停过。

　　朝臣们气急败坏，先是几十个朝臣上书，后来发展到一百多名大臣上书，一致谴责当今皇上破坏祖制，有悖礼法，失却君王体统，无视大明皇朝安危，置九五之尊于儿戏。气疯了的朝臣甚至质问："皇上是一国之君，身份之尊贵无以复加，却降尊纡贵，封自己当什么公侯、太师、大将军，

黄釉宫碗

那皇上的列祖列宗岂不是也得跟着受贬为臣下的职衔，跟着蒙羞？

任凭那些饱学之士滔滔不绝地讲道理，任凭那些压倒一切的礼法道法，任凭朝臣们涕泗满面、满地打滚，高高在上的正德皇帝权当在观赏娱乐节目，仍旧蔑视宫廷礼制，继续我行我素。

他的年号为"正德"，这更像是讽刺他。因为按照传统的儒家观念，他全身上下似乎找不出任何能称之为"正"的德行。

他常常被人冠以"荒唐"等字眼，但是他的性格却最像我们现实中的普通人：一个对任何事情都有着极大兴趣的聪明学生；一个有着七情六欲的翩翩美少年；一个对身边人无比随和的贵公子；一个喜欢跟手下人甚至身份十分卑微的人一起吃喝玩乐的朋友；一个不讲尊卑、对繁文缛节不以为意的客人；一个会体谅下属在雨水中跪地之辛苦的上司；一个不忘在祈福的时候加上爱妻名字的丈夫；一个可以经常放着皇帝銮舆不坐却跑到后面大马车上和军士们挤坐一辆破车的哥们儿……

然而，这上面诸多身份里，唯一缺少的是他最正式的身份——皇帝，并且应该是一位恪守礼法道德的皇帝。

有史家指责他外出期间只要他看上的女人，不管她是闺秀还是娼妓，不管她是否婚嫁、是否已有身孕，他统统不管，强抢民女，是为扰民。在小女子眼中，"溥天之下，莫非王土。率土之滨，莫非王臣。"一个皇帝，贵有天下——也不过仅此而已。

京剧"游龙戏凤"唱的是正德微服巡行民间，在山西大同城郊梅龙镇酒店调戏李凤姐的故事。"戏凤"一折中，李凤姐首句唱道："人潇洒性温存，若有意似无情……"曲优词美，悦耳动听。正德皇帝的风流倜傥，翩然若出，令我无比神往——这不就是中国版的灰姑娘故事吗？

道学家看正德是流氓坏蛋，史学家看正德是任性荒唐，小女子眼中的正德却是率性随意。"虽魏晋风流，犹有不及"，活得鲜活、精彩、动人。

昏君也好，明君也罢，少年天子，风流俊朗——小女子好生喜欢，可惜生不同时。

按常识而论，这个违反儒家思想和祖宗定制的"反动派"，荒唐乱政，一定会导致朝政荒废，国家败亡，百姓流离失所，民不聊生，但事实上并非如此。

首先，正德在名臣杨廷和的主持下，进行了江南地区的税赋改革，改变了朱元璋留下的弊政，改善了国家财政状况，可见正德是敢于改革弊政的皇帝。其次，国家体制一直保持正常运转，连诸侯宁王朱宸濠叛乱这么大的事，没等到正德亲自率领的平叛大军到来，著名的心学大师王阳明仅用43天就扫平叛乱，活捉宁王。然而，让正德恨得牙痒痒的，竟然不是造反的宁王，而是那么快就把宁王收拾了的王阳明，因为平叛实在太快了，还没轮到他大显身手便结束了。再者，正德时期，国家的经济、科技水平及军事实力一直保持在世界领先水平。所以，正德皇帝本人及他统治下的大明王朝，绝不会是《明史》所说的那么不堪。

《明史》由清人所编写，清代修编明史与以往历朝历代不干涉史官完全不同，清帝直接干预明史的修编，甚至不惜掀起文字狱，杀掉一批秉笔直书的史官，一定要编写出符合清帝要求的《明史》。出于某种政治目的，明代的皇帝普遍被严重抹黑，因为越是把明代汉人皇帝描写得不堪，就越能突显清代满人皇帝入主中原、取代明朝的正当性。

正德虽是荒唐，但在大事上一点也不糊涂。即使在巡游期间，正德每天都会亲自批阅奏折，处理政务。

正德处事刚毅果断，弹指之间诛刘瑾，平安化王、宁王之叛，大败蒙古王子，且多次赈灾免赋，这些都是正德年间大事。而且，他在位时朝上仍有不少良臣贤才，也从侧面反映出这位帝王治下总体上仍有可称道之处。明朝的败坏不是由正德而是由万历怠政开始的。

《明史》评价："明自正统以来，国势浸弱。毅皇手除逆瑾，躬御边寇，奋然欲以武功自雄。然耽乐嬉游，暱近群小，至自署官号，冠履之分荡然矣。犹幸用人之柄躬自操持，而秉钧诸臣补苴匡救，是以朝纲紊乱，而不底于危亡。"

正德继承弘治，弘治帝是明朝少有的有道明君，缔造了"弘治中兴"。偏偏正德帝跟他截然相反，一个是天下道德仁君的楷模，一个是世上荒唐胡闹的鼻祖，这对父子皇帝反差够大，明朝的历史就是这么精彩。

弘治皇帝"十八年不言窑事"，但弘治朝的黄釉瓷器最为著名，是明清两代黄釉瓷器的最高峰。正德黄釉继承弘治黄釉的优良传统，相比之下颜色略深，反而有稳重大气之感，较之于真实历史真是诡异。

明清两代的封建社会制度发展到高峰，封建集权也达到顶峰，一个显著的特征就是森严的等级制度。天地君亲师，除了皇帝高高在上、唯我独尊外，朝臣官宦也分为九品十八级，秩次分明。中国古代避帝王名讳之习由来已久，无论皇亲贵戚还是庶民百姓均需遵从，少有例外。同样道理，由于"黄"与"皇"的谐音之故，"黄色"逐渐演变成一种尊崇的颜色，专为皇家垄断，其范围涵盖了日常生活中的方方面面，所有臣民不得僭越，否则就有性命之虞。翻检有关瓷器烧造的明清史料，此类记录屡见不鲜。

黄色一向是帝王专用色，瓷器上纯正的黄釉始于明洪武年间，之后各朝均有烧制。黄釉瓷器为明清宫廷专用瓷，决不许民间使用。即使在叛乱不断的嘉靖时期，也严禁民间使用。民间即使可用金彩瓷器，但决不能用黄釉瓷器。

黄釉瓷器在古陶瓷艺术中占有很重要的位置。弘治的黄釉瓷器被后人誉为明清之冠，除了釉色超凡绝伦外，还在于此时黄釉瓷突破了品种上的局限，开始出现诸如牺耳尊等体量较大的琢器。由于名气太大，尽管此前各朝已采用浇釉法工艺进行施釉，但每每提及"浇黄"之名，人们首先想到的是弘治黄釉。

弘治黄釉釉色娇嫩，宛似鸡油，故又称"娇黄""鸡油黄"。正德继承了前朝遗韵，两朝的黄釉虽然类似，但正德的黄釉却总是少了弘治那种清澈如水、莹润若酥的味道，颜色较弘治为深，略显老色。

品相上佳的正德御窑全黄釉官碗在拍卖场并不多见。2015年12月2日，佳士得香港秋拍"重要中国瓷器及工艺精品"专场上拍一只来自"香港重要藏家"的正德御窑全黄釉官碗，编号3184。图录说明介绍说：

> 土耳其托普卡比宫藏有一对类似的正德黄釉碗，见康蕊君编著的《托普卡帕宫藏中国瓷器》（*Chinese Ceramics in the Topkapi Saray Museum Istanbul*）1988年版，卷2第448页，编号775。另有一件近似的例藏于维多利亚阿尔伯特博物馆，见约翰·艾尔斯（John Ayers）编著的《维多利亚和阿尔伯特博物馆藏远东陶瓷》（*Far Eastern Ceramics in the Victoria and Albert Museum*）1980年版，图

玮瑜说瓷

琢器：瓷器从造型上可分为琢器和圆器两大类。立体造型的为琢器，如尊、瓶、罐等；平面造型的为圆器，如盘、碗、碟等。琢器和圆器最大的区别：琢器是指不能在轮车上一次拉坯成型，需要多种工序成型的器物。

浇釉：器物施釉操作方法之一，指用勺子或碗取釉浆泼浇在器物坯体的表面上，以使器物表面敷釉。

155。仇焱之旧藏也有一件正德黄釉碗，先后售于香港苏富比和佳士得香港。

这只宫碗造型端稳周正，撇口、弧壁、深腹、圈足，碗底署青花楷体"大明正德年制"六字双行外围双圈款，底施白釉，白中泛青，其余全部满施黄釉。釉面清亮光洁，釉色匀净，品相良好，没有常见的使用划磨痕。睹之赏心悦目，抚之爱不释手，真御用佳器也！

流传了几百年，还一点使用痕迹都没有，太难得了。不要说它是本场唯一的全黄釉器了，就这么难得一见的正德朝黄釉佳器，我一见倾心，怎可放过？女孩子的心事有时就是这么简单，一见钟情，也就任性了。

预展期满，第二天就要拍卖了。晚上金博士的助手罗丹小姐发来微信："金先生前两天去佳士得香港预展的时候，留意到下面这只正德朝的黄釉碗，仔细看了这只碗，非常好，品相也没问题（英文也写上 FILE），不知您是否有留意？他嘱我转告您。"

我立即复："谢谢！已到预展现场看过，并了解到送拍情况。""祝您的黄釉瓷系列越来越完整。"

金博士的美意我领会到了，真是热心人哪！知道我喜欢收藏黄釉瓷器，就专门叫罗丹提醒我（罗丹是我的熟人，她原在中国嘉德瓷器部工作），旧雨新知对我的关爱，让我心中充满浓浓暖意。

玮瑜说瓷

磨痕：指瓷器釉面被其他物体磨擦而造成划伤釉面的痕迹，也叫伤釉。瓷器的长久使用会造成这种现象，严重的甚至会磨掉一些釉层，露出瓷胎。

佳士得香港这场秋拍，全场爆满，后面也挤满了人，一点"市场调整期"的迹象都没有，举牌还是那么热闹。本来笃定的心情，随着一个个的争夺

变得有点紧张了……轮到编号 3814 拍品，拍卖师开始叫价了。我环视四周，没有人举，我也按兵不动。拍卖师继续叫价，几声过后，见没有应价，拍卖师明显有点失望了。此时，我不慌不忙地把号牌往上一举，拍卖师眼光一亮。再喊几声，就槌子一敲：归你了。举牌是一种心理战术，是有学问的。

不记得竞得后还去忙了些啥，忘了及时告诉金博士，反而是金博士记挂此事，晚上来电问是否我拿下。我才不好意思地告诉他："谢谢金博士指点，我以底价 62.5 万港元拿到了。"

虽然景仰已久，毕竟相识日短。金博士古道热肠，对我这个初相识的朋友一桩小事，萦系于心，拳拳美意，真暖心哪！

内外全黄釉瓷器素为明清官窑之高贵品种，或为日用器，惟帝、后及皇太后可享用；或为祭祀用器，专祭土地。此碗没有常见的使用过的划磨痕，流传了几百年，品相依然非常良好。想必它的每一代主人都被它身上散发的明黄之美陶醉了，故对它珍爱护持，才使得它一直溢美人间。

该碗胎质细腻坚致，黄釉釉面光洁匀净，釉色莹润如酥。古雅静穆之中，彰显尊贵气质。我在家中陈设出来，立即满堂生辉，充满雍容华贵的气象。

我越看越喜爱：这不是堂堂皇皇的"金饭碗"吗！我越想越美：这年头大家都说风水，家里陈设一只"金饭碗"，灯光照耀下，明明晃晃，璀璨炫目，娇黄漾溢，尊贵气息满屋流淌，正大光明，何等鸿运！多么气派啊！

2016 年 1 月 22 日晚，夜寒风料峭，这是近 50 年来广州遇到的最冷的寒潮，暨南大学的校友楼却热闹非凡。暨南大学建校 110 周年庆祝活动第一场拉开了帷幕，这次主题是"艺术、生活、文化分享会"，我是首个登台演讲的嘉宾，讲的是收藏与生活以及个人收藏故事。寒冷阻挡不住暨大校友们的热情。校友们情绪高昂，气氛热烈。

我刚讲完下来，手机就在振动，是罗丹发来微信："金先生在编撰《中国民间藏瓷大系》丛书的京津卷，这套丛书是国家'十二五'计划的一个重要项目，由中国收藏家协会和河北美术出版社牵头，每一卷皆收录 260 余件来自民间收藏家的古陶瓷藏品。所有藏品都会经过专家组审定，相信会成为一个重要的出版著录。由于目前选定藏品已近尾声，金先生希望能将您刚从香港佳士得所购的正德黄釉碗收录至该卷书。一方面可以多个学术著录，另一方面也感谢贵藏为本卷添彩增色。不知您意下如何？若得赐

| 故宫乾清宫 |

| 冯玮瑜在暨南大学建校 110 周年庆祝活动上作主题演讲 |

高清底片，至为荣幸。"

好东西确是让人惦记啊！能入金博士法眼，当然是好事一桩，也是抬举我们，我当然乐意。这么好的正德佳器，没有明珠暗投，它正大光明地又多一个著录，也不负它入藏我的一段缘。

小女子在写本文的时候，正是 2016 年春节大年初二。

时值晌午，窗外突然飘荡一片片雪花，薄如鹅绒，袅娜而下，轻不压枝——广州下雪啦！

地处亚热带的广州居然会下雪？眼前的奇景令我目瞪口呆，这是真的吗？我伸手窗外，一片片雪花飘到手上，看着它在我手上渐渐融化，如幻如真……竟亲眼看到广州下雪了！我又惊又喜，这是做梦都没想到的事啊，后来网上说这是近百年来广州唯一一次飘雪！

一切因雪而灵动，因春而妩媚，眼前这一切，令心里变得温暖生动。

奇迹真的会发生！

自然界会发生不可思议的奇迹，收藏界也会发生种种料想不到的奇遇。

| 广州雪景（图片来自网络） |

|专家团鉴赏黄釉宫碗|

我听过；我见过；我亲历过……

这只"金饭碗"刚入藏不久，就喜事连连。

我倚窗观赏羊城飘雪的奇景，心里暖意融融：为眼前的奇景，为过去一年得到各位师友的大力帮助，为金博士的盛情美意，为正德黄釉碗甫入我门便获青睐出版的奇遇……雪花在眼前一片一片地徐徐飘下，我伫立窗前，默默地静候春天的来临，静候金博士大作出版面世的佳音，心中一片澄明。

2017 年 6 月 4 日，江建新、郭学雷、曹建文、李峰、何身德一众专家学者到我处为"黄承天德——明清御窑黄釉器对比展"的展品进行甄选鉴定，众专家对这件正德黄釉碗赞不绝口，其釉色、品相之完美，征服了众位专家。"桃李不言，下自成蹊"，一件艺术品摆出来，不用多说什么，艺术品自己会说话，它的好与美，瞬间就能打动人们的心扉，正如这件正德黄釉碗一样。

正弘
德治

弘治 正德 瓷器对比展

| 冯玮瑜参观故宫"弘治正德瓷器对比展" |

2017 年 9 月 29 日至 2018 年 2 月 28 日，故宫博物院举办"景德镇御窑遗址出土与故宫博物院藏传世——弘治正德瓷器对比展"，这是每一个关心中国古瓷器收藏都渴望参观的展览，我也到场参观，展品里正德全黄釉瓷器只有两件，一只是小盘，另一件是宫碗，均是故宫博物院传世旧藏，我仔细观察，那件宫碗内底心有使用过的磨划痕，磨痕上有污迹，碗足墙见有豆大的半月状失釉。平心而论，故宫这件旧藏的品相比小女子的藏品要逊色得多。

晃晃耀眼的明黄色，其色灿灿，其华灼灼，"乱花渐欲迷人眼"，这只皇家御窑宫碗处处散发着奢华与高贵的气息，让人们反复欣赏和回味。

| 冯玮瑜藏部分御窑黄釉瓷器 |

懂得知止，学会放弃

《新金融》杂志总编徐景权：工新阶层也能搞收藏，您也给点工薪阶层的建议。

冯玮瑜：在自己能力范围内选好，就是精品原则。在这个领域，知识就是力量，你愿意去学习了解，你会发现价值。对于我来说，我是一个很理性的人，每一次入手我都会做足功课，我会给自己一个价格区间，过了这个区间，我就会放手，不会非要得到它。好的东西下次还会有，这是比较稳健的，但是最好不要怀着捡漏的心态。

——摘自徐景权：《对话冯玮瑜：艺术品收藏要讲究精品原则》，

《新金融》，2017 年 8 月刊

普林斯顿大学心理学家丹尼尔·卡尼曼（Daniel Kahneman）认为，财务决策的内容未必是金钱，它也有可能是基于某种无形的动机。当我们面临紧张、危险或不确定时，大脑里面的杏仁核会刺激反射区且激发我们的情感，让情绪异常活跃。幸运的是，大脑皮层可以像踩刹车一样，刺激前额叶部分直到我们可以冷静思考。

大多数玩过股票的人在价格上涨时会感到心情愉悦，忘乎所以，而忽视了随之上升的风险；这些人在价格下跌时，会感到心情郁闷，垂头丧气，对机会视而不见。但像乔治·索罗斯、沃伦·巴菲特、查理·芒格等投资赢家都掌握了一项特殊的心理调节能力——逆向思维。他们通常会在多数人贪婪时感到恐惧，又在多数人恐惧时变得贪婪。人们往往预先设定了目标，但不能贯彻执行，行情好时更加看好，老想着赚多一些；当行情逆转时，还幻想着只是"冲高回调"或"震仓"，不敢"止盈"或"止损"；当行情下跌时，又不敢按原来的设定的目标价位入货，害怕还会下跌，想着还没到底。其实按当初的设想，你已经赚了这一波行情的利润，实现了这次操作的利润，长此以往，积少胜为大胜。

尽管这种方法可能会让你损失一些机会，但更重要的是可以让你避免大概率的重大损失，或者说有利于保证本金安全。股市之道同样启迪我们的收藏之道，铁一般的纪律是成功的保证。

做艺术品收藏，一定要懂得放弃。 这些年，我放弃过无数次入藏的"机会"，大多是因为价格，有时也会是其他原因。超过了预定的价格，我大多会放弃。好东西是买不完的，而个人的资金是有限的，这确实是很遗憾的事，但没有办法，有多大的能力做多大的事，我很理智地看待这个问题，也很平和地接受这个结果。过眼即拥有，毕竟还有人喜欢同样的艺术品，可知我辈不孤，也是值得庆幸的事。

做艺术品理财，更加要懂得放弃。 资金是有成本，理财是要讲回报率的，高出一元的成本也会降低回报率，所以很多行家往往高一口价也不要，宁可错过，等待下一个机会。有资金在手，还怕找不到其他的艺术品吗？

还有一些其他原因是有些东西来路不明或明知是偷挖的，那是更不能收藏的，即使它是很罕见或自己很需要。收藏是风雅的事，理财要建立在合法的基础上，面对一切不合法的行为，要秉持初心，不要为一时的喜欢而触犯法律的底线。

因为喜欢而任性，往往低估自己的风险承受力，这在收藏市场中往往是最致命的。收藏和股市、汇市等投资领域一样：投资有风险。

"知止而后有定，定而后能静，静而后能安，安而后能虑，虑而后能得。"懂得放弃，何尝不是一种人生哲学和态度。塞翁失马，焉知非福呢？

黄釉筒瓶

捌

第8章

江山一统

一只

清代顺治黄釉筒瓶

入藏记

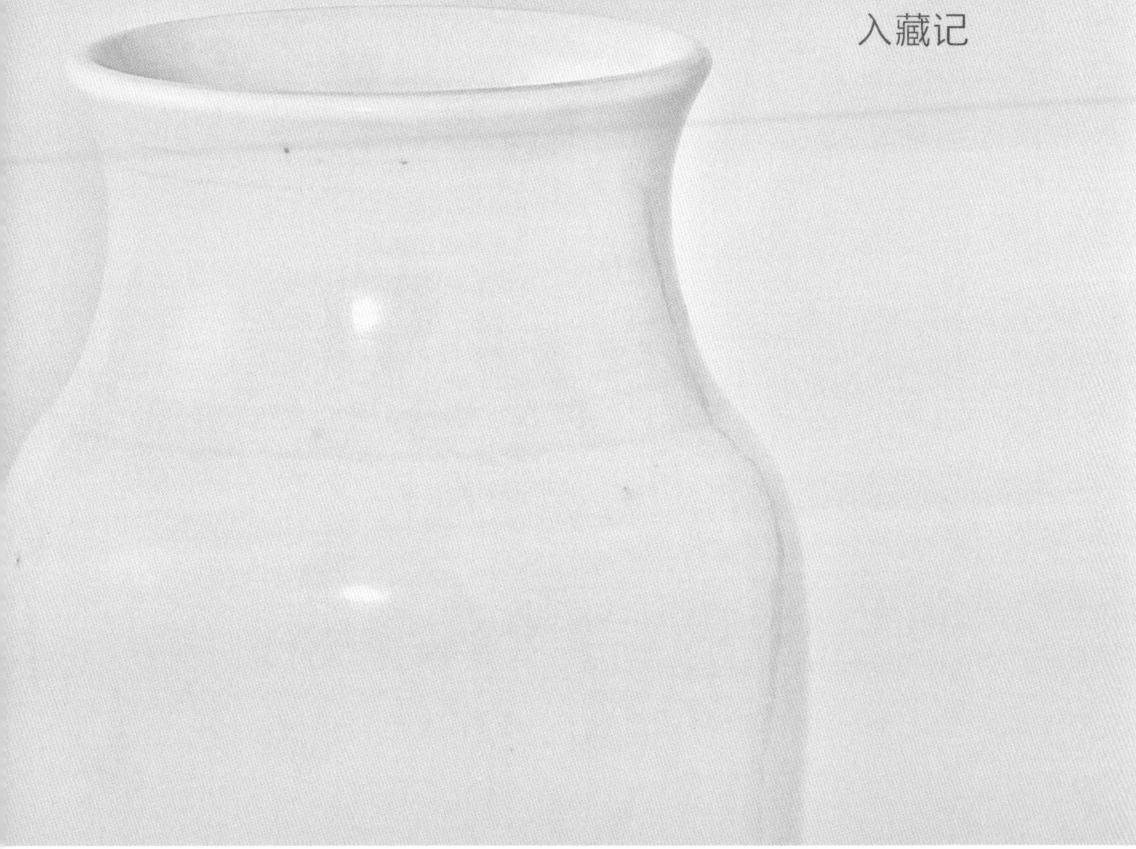

藏品：黄釉筒瓶　　　来源：香港苏富比1974年10月31日　　　编号175
年代：清顺治　　　　　　　香港苏富比1982年11月9日　　　编号253
款识：无　　　　　　　　　香港苏富比2002年5月7日　　　编号605
尺寸：高20.3厘米　　　　　中国嘉德秋季2012年10月29日　编号3675

2012 年 10 月，著名收藏家冯玮瑜收藏

　　该瓶造型挺拔，平足底，近足底微微斜削，底部露胎。通体施黄釉，釉面鲜亮，色泽娇嫩，观之赏心悦目。该筒瓶胎土比康熙的略粗，但很坚致，比明末淘练得更好，其造型为顺治的风格，是开门的顺治御窑器。

　　《帝女花》是一部非常著名的粤剧，是"任白"的首本名剧（任白是指一代粤剧名伶任剑辉和白雪仙，两人合作饰演生角和旦角，粤剧界无人能及，世称任白）。剧情说的是明朝崇祯皇帝的长平公主，因奉帝命选婿，拟下嫁太仆之子周世显，无奈闯王李自成攻破京城，崇祯手刃众皇女后自缢。长平公主未至气绝，被周世显救返藏于家中。后来清军打败闯军，于北京立国。周世显向清朝投降，长平公主幸得周钟之女瑞兰及老尼姑之助，冒替已故女尼慧清，避居庵中。周世显偶至，遇上扮作女尼的长平公主，大为惊愕，几番试探下，夫妻重认。然而此事为清帝知悉，勒令周世显威迫利诱他们一同返宫。夫妻二人为求清帝善葬崇祯，释放皇弟，遂佯装返宫，并在乾清宫前连理树下交拜，然后双双饮砒霜自杀殉国（历史上崇祯挥剑斫杀长平公主时惨痛地说："汝何故生我家！"李自成进入皇宫时见此惨状也叹息说："上太忍！"）。

　　《帝女花》里的不少曲段是每一个爱好粤剧的人都耳熟能详的经典名曲，我偶尔也清唱其中一二曲，聊以自遣。

　　粤剧《费贞娥刺虎》说的是长平公主的侍女费贞娥的故事。李自成攻入北京城、崇祯自尽后，费贞娥决心效法春秋战国时期的义士豫让和要离为崇祯报仇。她于混乱中换上公主的衣服，冒认长平公主。费贞娥本以为李自成会把自己当作长平公主，打算在其污辱自己的时候动手复仇。但李自成把费贞娥赏赐给手下著名少年英雄大将罗虎为妻。新婚之夜，待罗虎酒醉后，费贞娥拔剑将其杀死，随即自杀（历史上因罗虎意外被刺死，改变了李自成欲命罗虎率军渡海，断清军粮道的军事部署）。

还有"四大名剧"之一《桃花扇》，戏文里说崇祯"十七年忧国如病，呼不应天灵祖灵，调不来亲兵救兵。白练无情，送君王一命。伤心煞煤山私幸，独殉了社稷苍生，独殉了社稷苍生"！

一本本名剧，唱的都是崇祯、顺治年间一段段可歌可泣的故事。为什么那么多戏剧都指向明末清初时期呢？因为那是天翻地覆、国破家亡的悲壮时期。面对异族入侵，面对生与死，面对民族大义与苟且偷生，面对投降与守节，面对国家与个人，每一个选择都是对人性的考验。

明清鼎革之际，四方鼎沸，兵荒马乱。李自成攻破北京、崇祯皇帝在煤山自缢殉国后，李自成的大顺朝占据北京一个多月，吴三桂就降而复叛，带领清兵入关，一片石大战中李自成败退至湖北九宫山被杀。清军定鼎北京后，迅即挥师南下，"扬州十日""嘉定三屠"，南明弘光朝覆灭，永历帝被吴三桂勒死。直至康熙平定台湾，大明皇朝及其余脉最终无可奈何花落去，历史翻开沉重的一页。明亡清兴，可谓天翻地覆，山河泣血。

| 崇祯皇帝自缢处 |

每每看到明朝灭亡这段沉痛的历史，小女子常常拍案扼腕，痛惜不已。

大明王朝覆亡的原因，真是一言难尽！后人多有"明朝之亡，实亡于万历"之说。崇祯帝的一生实是"不是亡国之君的亡国悲剧"。

李自成是在明朝统治下活不下去才铤而走险造反的，与崇祯皇帝有不共戴天之仇。但他的《登极诏》却说："君非甚暗，孤立而炀灶恒多；臣尽行私，比党而公忠绝少。"连自己取而代之的登基诏书都说崇祯"君非甚暗"，分明就是"君非亡国之君，臣皆亡国之臣"的文雅说法。连李自成都是这样想的，其他人就更不必说了。

清朝第一位皇帝顺治帝为崇祯发丧建陵，特谕工部曰："朕念明崇祯帝孜孜求治，身殉社稷。若不急为阐扬，恐千载之下，意与失德亡国者同类并观。朕用是特制碑文一道，以昭悯恻。尔部即遵谕勒碑，立崇祯帝陵前，以垂不朽。又于所谥怀宗端皇帝加谥数字，以扬盛美。"

两位分别以造反和入寇取代崇祯得天下的皇帝，都曾是与崇祯争个你死我活的对手，却不约而同地给予前朝皇帝如此高的评价，一反痛骂前朝暴政，标榜自己替天行道取而代之的惯常做法，这是迄今为止中国历史上从没见过的，可知崇祯确非普通的亡国之君。

明末清初散文学家张岱说："古来亡国之君，有以酒亡者，以色亡者，以暴虐亡者，以奢侈亡者，以穷兵黩武亡者，嗟我先帝，焦虑心求治，旰食宵衣，恭俭辛勤，万几无旷，即古之中兴令主，无以过之。"

明朝自朱元璋立国以来，由始至终，外有边患，蒙古、瓦剌、满洲相继而起，战事纷纷。内有奸宦，王振、曹吉祥、刘瑾、谷大用、魏宗贤、王承恩等相继把持朝政，而且自从有了奸宦的擅权，就有了阉党与朝党之间的党争，正邪之争、门户之见，使朝政内耗于此。

崇祯帝继位后铲除阉党，勤于政事，是位年轻有为的皇帝。可惜急于

| 黄釉筒瓶 |

求治，生性多疑，终无法挽救倾塌的大明王朝。崇祯登基伊始，雷厉风行地清除了魏忠贤的势力，困扰了明朝多年的阉党之祸得以澄清，使得朝野上下精神为之一振，人们仿佛看到了大明朝振兴的希望。崇祯一系列的举措，处处表现出英明不凡：一是果断；二是勤政；三是爱民。

崇祯的果断，在登基之初就表现得淋漓尽致。登基之时，阉党势力极大，魏忠贤自称九千九百岁，在各地建有生祠。崇祯登基当晚，自己手拿短刃拥于衣内，以防不测；又不敢进食宫中食物，以防被毒害……虽名为皇帝却连人身安全都得不到保障。在这种情形下，崇祯隐忍不发，与魏忠贤虚与委蛇，瓦解其防范和杀害之心，待得阉党猝不及防之际，以雷霆万钧之势，一举诛除魏忠贤阉党势力，为饱遭迫害的东林党人平反昭雪。

崇祯的精明，在对待朝臣时就可看出。杨嗣昌追剿张献忠时，反被张献忠攻下陪都凤阳，挖了朱家皇帝祖坟皇陵。在封建社会，被挖掉祖坟是一件多么让后代痛心疾首的事，更何况是皇帝的祖坟！这还了得，杨嗣昌自谓必死无疑，可崇祯却下《罪己诏》，把皇陵被挖的责任揽到自己身上，反而加封杨嗣昌。杨嗣昌感动得涕泪纵横，士为知己者死，最后在沙场兵败自杀，以死报恩。

崇祯对待袁崇焕亦是如此。清兵避开关宁防线，绕道蒙古入寇北京，负责辽东防卫的袁崇焕带兵返京勤王。当袁崇焕入城向崇祯请罪时，崇祯亲自解衣披于其身以示慰劳。负责前线防卫的将领反被敌寇入侵，围困国家都城，虏掠京畿，当然是罪无可恕。而崇祯明白北京危在旦夕，并没有一味迂腐地追究责任，而是审时度势，抚慰将士，终于激奋军民齐心抗战，迫使清军退兵，扭转此次北京保卫战的危局。

崇祯勤政，事必躬亲，《明史·本纪第二十四》有云："然在位十有七年，不迩声色，忧劝惕厉，殚心治理。"史志称其"鸡鸣而起，夜分不寐，

往往焦劳成疾，宫中从无宴乐之事"。

崇祯爱民，生活节俭，甚至衣服上都有补丁，曾六下《罪己诏》，动辄就下令"减膳、撤乐"，即便是在自杀前也不忘在衣服上血书："任贼分裂（朕尸），无伤百姓一人。"

但就是这样一个果断、勤政、爱民的皇帝，为什么最后会被迫得自尽于煤山呢？为什么大明江山偏偏会在他手上断送呢？

其实崇祯即位时，明朝已是风雨飘摇了。前几朝的积重难返，更兼时逢百年不遇大旱，天下饥馑，疫疾大起，各地民变不断爆发。中原糜烂，北方满人不断进攻侵扰。内忧外患，加上崇祯帝求治心切，生性多疑，刚愎自用，因此在朝政中屡铸大错。

《明史·本纪第二十四》赞曰："帝承神、熹之后，慨然有为。即位之初，沈机独断，刈除奸逆，天下想望治平。惜乎大势已倾，积习难挽。在廷则门户纠纷。疆场则将骄卒惰。兵荒四告，流寇蔓延。遂至溃烂而莫可救，可谓不幸也已。然在位十有七年，不迩声色，忧劝惕励，殚心治理。"

《明史·流贼传》中评价崇祯："且性多疑而任察，好刚而尚气。任察则苛刻寡恩，尚气则急遽失措。"

崇祯十七年（1644年），李自成攻陷山西大同，北京门户顿开，有被起义军围困攻陷的危险。大臣奏请南迁，崇祯诏示群臣："国君死社稷，朕将焉往？"其为人之刚烈，可见一斑。崇祯是有时间撤退到南京的，他坚决不退，是给天下群臣以"全国可复"的信心。

细数历史，前有唐朝安史之乱唐玄宗逃避入蜀；后有八国联军入侵时，慈禧逃往他省。可见危难之时当国者逃跑避难并非鲜见，而崇祯可走却不走，抱死国之志，奋力支撑，卒至国破家亡。相互比照，崇祯"与社稷共存亡"，以身殉国，以死明节，令人感慨万千。

大明王朝面临灭顶之灾，崇祯召见阁臣时悲叹道："吾非亡国之君，汝皆亡国之臣。吾待士亦不薄，今日至此，群臣何无一人相从？"

李自成攻破北京城门，崇祯帝在前殿亲自敲钟召集百官，却无一人听从召唤，前来共担国难。崇祯帝悲愤万分地说："诸臣误朕也，国君死社稷，二百七十七年之天下，一旦弃之，皆为奸臣所误，以至于此。"最后在景山歪脖树上自缢身亡（清兵入关后，以该树吊死崇祯，犯下滔天大罪为由，用铁链把歪脖树锁住，作为惩罚。这当然是争取民心之举。不过说也奇怪，全树青葱如常，唯独崇祯上吊的那一枝干却枯死了。后此树被砍，现树为后来补种）。上吊前他咬破手指于蓝色袍服上血书："朕凉德藐躬，上干天咎，致贼直逼京师，皆诸臣误朕。朕死，无面目祖宗，自去冠冕，以发覆面，任贼分裂，无伤百姓一人。"

绝不逃跑，绝不投降，至死犹念"无伤百姓一人"！数行血诏，何等壮声英烈！崇祯的故事，其事可哀，其志弥烈。小女子每读一段，都是可歌可泣，可悲可叹！

"生当作人杰，死亦为鬼雄，至今思项羽，不肯过江东。"（李清照《夏日绝句》）

古代亡国之君的任何一种失德所为，崇祯没有沾上任何一条，连李自成也说"君非甚暗"，而且可以说是明朝皇帝里表现较好的皇帝之一，可偏偏大明王朝在他统治十七年后覆亡……历史是多么的叵测，后人多有慨叹："君非亡国之君，臣皆亡国之臣。""明朝之亡，不亡于崇祯，实亡于万历怠政。"

明朝皇帝有好玩的，有荒唐的，但没有软骨头的。即使"御驾亲征"的英宗皇帝不幸被俘也决不屈膝投降。纵观276年国祚的明朝历史，无论遇到多大的危机，既没有投降，也没有割地赔款。即使到了崇祯内忧外患的时候，明朝仍然分兵两路顽强对付清军和李自成，对关外国土自始至终没有放弃"全辽可复"的愿望和"五年平辽"的军事企划。明朝是中国历史上国祚过百年的朝代里，唯一没有签订不平等条约的朝代：从不和亲！从不赔款！从不割地！从不纳贡！后人评价为"烈明"。

可惜史称"治隆唐宋""远迈汉唐"的大明王朝还是灭亡了。

大明、大顺、大清，接踵而至，四方鼎沸，铁蹄蹂躏，可怜天下苍生！

顺治是清朝入关的首位皇帝，他于北京紫禁城武英殿即位时宣布"兹定鼎燕京，以绥中国"。此举标志着清王朝由地方政权开始转化为统治全国的中央王朝。

他是第一个在紫禁城里称帝的满人，也是清朝历史上唯一公开剃发、皈依佛门的皇帝。

但凡对清史感兴趣的人，大概没几个不晓得顺治帝和董鄂妃的爱情传奇。这段深宫里演绎出来的爱情，令人无限神往，也让人唏嘘不已。尤其顺治帝"不爱江山爱美人"的一片痴情，甚至在董鄂妃病逝后竟弃江山社稷于不顾，毅然出家的举动，多么惊世骇俗！更使那些奢望爱情能天长地久的女子艳羡不已：若有一个男子这样待她，即便死也值得。如果那个男子是皇帝，死十次都值得了。

19岁那年，年少的顺治帝，遇见了18岁袅袅娜娜的董鄂妃，"金风玉露一相逢，便胜却人间无数"，从此"长信宫中，三千第一""昭阳殿里，八百无双"。说不尽的甜言，道不完的蜜语，诉不尽的衷肠，秀不尽的恩爱，少年天子，窈窕淑女，携手相期，幸福得像神仙眷侣一样。正当人生最美好的时候，岂料天妒红颜，董鄂妃因婴儿夭折，伤心过度，一病不起。董鄂妃去世当天，顺治帝痛不欲生，在灵床前欲拔刀自裁，却被早有防备的孝庄太后安排的十多个宫女死死摁住，自杀未遂。

顺治帝寻死觅活，痛不欲生，决意要"脱了龙袍换袈裟"，披缁山林。

|黄釉筒瓶|

顺治十七年（1660年）10月，也就是董鄂妃去世一个多月后，顺治帝在西苑万善殿让溪森禅师为他举行了皈依佛门的净发仪式。孝庄太后急忙派人将溪森的师傅玉林通琇召到京城，请求他规劝顺治帝不要出家。玉林通琇能言善辩，却劝不动万念俱灰的顺治帝。据说，最后玉林通琇命人取来干柴，要当众烧死溪森，顺治帝于心不忍，才不得不放弃出家的举动。顺治帝虽然已剃发，最终没能正式出家为僧。仅仅七个月后，年仅24岁出家未遂的顺治皇帝郁郁而终。

漫漫历史长河中，泛黄的纸张记录下千千万万的悲欢离合，三千多年的帝王历史，有几个帝王愿意为爱人殉情的？唯顺治而矣！这一段深宫里的真情让小女子唏嘘良久，叹息不已。

继位的康熙皇帝将顺治帝与董鄂妃合葬在孝陵（一起合葬的还有康熙的生母孝康章皇后）。对顺治帝这位多情天子来说，能同心爱的人"死而同穴"，也可安息了。

作为大清定鼎中原的首位皇帝，驾崩时还不满24岁。正当盛年突然驾崩，不免令人生疑。

很快，另一种说法就在民间流传开来——顺治皇帝实际上并没有"驾崩"，在他的清东陵孝陵中，只有一副空棺，而真正的顺治帝，却是看破红尘出家为僧了。据说顺治皇帝的儿子康熙皇帝后来六次西巡，有五次都去了五台山，其目的就是为了去寻找探望父亲。

光绪皇帝的老师翁同龢在日记里记载了他在北京西山见到的一首题板诗，此诗出语真率，不事雕琢，口吻很像传说中念断凡尘、弃江山社稷于不顾的顺治皇帝。诗云："我本西方一衲子，因何流落帝王家。十八年来不自由，江山坐到我时休。我今撒手归山去，管他千秋与万秋。"（《翁同龢日记》）

问世间情是何物？ 唐代出了个唐玄宗，明代出了个成化帝，清代刚刚立国，江山还未稳固，又出了个痴情的顺治帝。

唉，乾坤持重爱情轻！ 江山社稷，怎容得下一段卿卿我我的真爱呢？帝王的爱情大多不幸。

崇祯刚烈，顺治柔情；崇祯宵衣旰食，夕惕朝乾，为的是保住大明江山，却偏偏丢失了江山，只得以自缢一死谢却黎民百姓；顺治只想要一段爱情，却偏偏失去爱情，情天恨海，什么江山社稷？怎及人间一片真情，红尘勘破，但愿出家为僧罢了。

要江山的丢了江山，爱美人的失去美人，贵为天子，拥有天下，费尽移山心力，最想得到的却偏偏失去，历史就是这样吊诡。

青山依旧在，几度夕阳红。两代帝王，各自伤心各自知。

由于崇祯体谅物力维艰，在位期间停烧御窑，至顺治之初，金戈铁马，兵荒马乱。刚入主中原之初的清皇朝，忙于剪灭南明王朝，忙于镇压明朝遗民的反抗，根本顾不上恢复御窑，直到喘定口气，局面稍为稳定，才逐渐生产宫中所用瓷器。

顺治除了卿卿我我外，也是一位有所作为的皇帝，面对全国出现的抗清高潮，顺治除了一再宣称自己的天下是得自李自成，而不是夺明朝之天下，还同大臣反复筹商，决定采取抚重于剿的策略。他审时度势，变更成法祖制，倚重汉官。整饬吏治，推行与民生息的政策。清代初期，自他亲政后开始逐渐鼎盛起来。

清朝的各种规章制度，除军事上以八旗制度为其根本外，其余几乎全部沿袭了明朝制度，包括御窑瓷器的烧造。但御窑的管理制度，终顺治一朝，虽已恢复生产，尚未完备。

据《国朝御器厂恭记》记载，顺治八年，"时江西进额造龙碗，奉旨：

朕方思节用，与民休息。烧造龙碗，自江西解京，动用人夫，苦累驿递，造此何益。以后永行停止。"

可见，虽然顺治也曾在景德镇烧造御用瓷器，但战后恢复，草草而已。顺治御瓷，大多无款识，至今市场上带顺治款识的官瓷器，我还没见到过，在拍场上只见过两件款识为"顺治年制"的青花小盘和黄釉碗，真伪有争议。直至康熙十九年（1680 年）后，清朝才正式开始在御窑瓷器上书写官款。

明末清初这段时间，景德镇窑火未绝，民窑还在生产，此时的瓷器也有其时代特色，例如筒瓶，在这段期间较为多见。

为什么筒瓶的造型在明末清初特别受欢迎呢？因为那时候，无论大明的崇祯皇帝，还是大清的顺治皇帝、康熙皇帝以至民间，都有强烈的国家统一的意愿，剿灭流寇也好，驱除鞑虏也好，反清复明也好，都能在筒瓶上找到某种形式的精神寄托，因为"筒"者，"统"也，含有"江山一统"之意。

我藏有一件顺治黄釉筒瓶，是 2012 年 10 月 29 日在中国嘉德秋季拍卖会上竞得，编号为 3675，嘉德图录注明是"顺治或康熙"。这件筒瓶通体一色黄釉，无款，预展时摆放在展柜第二层角落位置，很不起眼。而我当时已经悄悄地对黄釉瓷器进行系列购藏。这件筒瓶，我上手多次，确认到代无疑，心中暗喜：难得一见的顺治官窑瓷器啊！

这件顺治筒瓶，嘉德没作重点宣传，也没有多少人意识到它的重要性和稀缺性，拍卖时由 8 万元起拍，以 18.4 万元人民币成交，终由我竞得。

筒瓶盛行于明末清初之际，以青花器居多。顺治的黄釉筒瓶，除了我手中这件，自 2012 年以后在国内外大大小小的市场再也未出现过，仅此件而已。"皇家气象——自得堂藏明清御窑黄釉器特展"开展后，这件筒瓶顿时成为展览焦点之一，时至今日，众多藏友对这件顺治筒瓶仍然念念不忘，常常对我提起这件筒瓶——毕竟是难得一见的顺治御窑器！

明末清初这段时间的官窑瓷器大多无款识，不免带来断代困难。那么，怎么确认这件筒瓶是顺治的呢？由于黄釉是皇家垄断的釉色，其他人不敢擅用，而崇祯朝又没生产过官窑器，所以明末清初生产的黄釉瓷器，首先排除了崇祯，只能是顺治或康熙十九年前烧造的。康熙十九年后，官窑瓷器就书写"大清康熙年制"款识。顺治与康熙前期的黄釉器，虽然断代困难，但还是有各有特点的，可以辨别。

｜"佳趣雅集"理事梁晓新老师（右）与冯玮瑜合影｜

2016 年 5 月，由中国嘉德主办的我的个人藏品展"皇家气象——自得堂藏明清黄釉御窑器特展"在北京隆重开幕，嘉宾云集。中国嘉德国际拍卖有限公司董事总裁兼 CEO 胡妍妍、故宫博物院器物部主任吕成龙、时任中国嘉德拍卖陶瓷部总经理刘越等参加开幕式，观看展品时，"佳趣雅集"理事梁晓新老师对着这件筒瓶脱口而出："这件东西原是我的！原来是落在你这里！"

梁晓新老师是我非常敬佩的老师之一。他毕业于伦敦大学亚非学院和苏富比学院，曾任苏富比艺术学院中国区首席代表，理论基础扎实，眼光精准，并且自己真金白银拿钱出来进行购藏。在收藏界，有钱的多，有才的少，有钱又有才的更少，有钱又有才还出手购藏的，凤毛麟角。而梁老师就是这凤毛麟角之一，既是理论派，又是实战派。他时有发表学术论文，

| 黄釉筒瓶 |

观点新颖，有理有据，我认真研读，获益良多。

2017年10月，他作为主编和策展人之一，组织"佳趣雅集"成员在北京嘉德艺术中心举办了"雄奇映丽——十七世纪青花与五彩瓷"特展。梁老师是出生于香港的上海人，留学伦敦，精通英语、日语等多种语言，是难得的奇才。不但著有多篇学术论文，还为多部瓷器专著及学术论文做翻译工作，由于瓷器涉及很多专业名称，翻译难度很大，如果对瓷器没有深刻的理解和精确的解读是绝不能完成的。但是梁老师游刃有余，可谓"学富五车，才高八斗"，不愧为北京古董收藏界的著名四才子之一。

后来每每与梁老师相聚，他时常会提起这只筒瓶，总是万分懊恼："当时没认真考虑顺治黄釉器的价值，就这么放手了，三次苏富比记录，多难得。"接着他还会满脸遗憾地说，"难得的顺治黄釉器啊，再没见过了，这件是传世孤品啊！"——这是后话。

一件筒瓶，两段藏缘。共同的爱好，曾经的共同拥有。这件筒瓶的新旧主人在北京重聚了，万恶的旧社会是"只见新人笑，谁闻旧人哭"，今日新社会是"新人见旧人，拉手说藏品"。

一件藏品拉近了我们之间的距离，让我们又有了更多的话题。梁老师仔细看了展签上的来源说明，指出："你还漏了几个来源，这个筒瓶还有其他流传记录。"

"啊！太好了，梁老师研究得真透彻，能把您的研究成果发给我吗？"

"当然可以，这件顺治筒瓶再也没见过类似的了。它有可能是存世孤品，而今藏在你手里，真是找对人了，我也为它高兴。"梁老师果然信人，当天下午就把资料发了过来：

1974 年 10 月 31 日，香港苏富比拍卖第 175 号；

1982 年 11 月 9 日，香港苏富比拍卖第 253 号；

2002 年 5 月 7 日，香港苏富比拍卖第 605 号。

每一次苏富比的拍卖图录上，均明确注明其年代为：清顺治。

原来早在我出生前，它就已在海外拍卖市场出现了。屈指一算，到现在也有 40 多年了，还不知道在这之前它流落海外多久。生于烽火连天之际，

飘零于乱世之间，器犹如此，人何以堪。

这件顺治筒瓶造型挺拔，平底，底边斜削，底部露胎。通体施黄釉，釉面鲜亮，色泽娇嫩，观之赏心悦目。

时任中国嘉德瓷器部总经理的刘越先生，有次到我家做客，我们也一起探讨此瓶的断代是顺治还是康熙。我们拿出耿宝昌老师所著的《明清瓷器鉴定》，翻到第 176 页图 315，里面有一组"筒瓶演变示意图"，分列万历、天启、崇祯、顺治、康熙的筒瓶型式对比。我们仔细研究后，刘越老师说："光从造型与书本案例对比看，这件筒瓶更像是崇祯的。"

"虽是如此，但黄釉是官窑器，而崇祯时期并没有生产过官窑筒瓶，故而推论这件黄釉筒瓶不是崇祯年制作的，顺治和康熙前期均不写款，此瓶器型按耿宝昌老师所著述，又比康熙早些，那就只有顺治了。"我提出自己的看法。

为核实这只筒瓶的断代，我曾去请教原广州文物总店的中国古陶瓷鉴定专家曾土金老师。他生前任国家文物鉴定委员会委员。

我跟曾老师多有交往，也时常向他请教，向他买些瓷片标本。他知道我收藏单色釉瓷，还专门

玮瑜说瓷

砂点：制作瓷器的瓷土是由高岭土、长石、石英等组成，要经过采料、淘洗、陈腐、练泥、制坯、晾晒等多道工序加工，由于某道工序的工作不够精致，瓷土里存有砂粒，导致烧成的瓷器表面某位置有小砂粒状的凸出点。

整理了单色釉瓷的一张资料光盘给我，还时常发短信指导我，经常叫我"玮瑜同学"长，"玮瑜同学"短。老专家诲人不倦，提携后学，让我感受至深。

曾老师虽然退休多年，但常常回广州市文物总店上班。我有时到店里，每每见他也在，都会到他的办公室坐坐，聊几句。真没想到前两年他突然驾鹤西去，走得那么快，斯人已矣，我当时也没有意识到要跟曾老师拍些照片留作纪念，真是遗憾啊！

曾老师说："这筒瓶的瓶身及底部有砂点露出，可见当时胎土淘练并未精益求精。但瓷胎又烧结特别好，说明烧制年代不会晚于康熙前期。由于没有款，作为拍卖行，未免有争议，所以嘉德定为"顺治／康熙"可以理解。而苏富比有那么大的研究力量，他们的研究成果为顺治，应该可信。由于康熙十九年之前的瓷器不写款，即使是康熙，也是前期。依我个人看法，这件黄釉筒瓶应是顺治官窑，较少见，是好东西，值得好好收藏。"

顺治至康熙初期，战争还在继续，社会动荡不安，御窑的烧制尚未完全恢复，生产制度也不完善，所以有确信顺治官窑款识的御窑瓷器拍场乏见。

2017年4月，中国嘉德"四季拍卖"开拍前半个月，我到嘉德仓库看四季拍品。内有一只编号4332的顺治白釉筒瓶，与我收藏这件从制式、胎土到修足等细节，非常相似，同样是平底，底边微微斜削一圈。

我问嘉德四季陶瓷工艺部总经理刘旸："您是怎样确定它是顺治的呢？"

刘总说："因为四季拍卖的价格比较亲民，所以见过很多小东西，而且这几年我们一直有做明

玮瑜说瓷

暗刻：又称为锥花、锥拱，是装饰瓷器表面纹饰的工艺手法之一，用尖细的锥状工具在瓷器坯体表面刻画出细线纹饰（例如龙凤、花草等），再罩釉入窑烧制，烧成后大多可见到釉下所刻的纹饰，达成瓷器的装饰效果。

| 景德镇市陶瓷大学教授曹建文鉴定黄釉筒瓶 |

末清初的系列或专场，所以对这个阶段的瓷器还比较了解。这只筒瓶胎土比康熙的略粗，但又很坚致，比明末淘练得更好，而且其暗刻纹饰也是顺治的风格，是开门的顺治货啊。"

我说想把它竞拍下来与黄釉瓶做个对比，刘总说："这件白釉筒瓶口沿有多处碰损和修补，您不是要全品相的吗？与您的收藏风格不一致啊。"我想就把它买来当标本吧。于是下了委托，因后来竞拍时的价格超过我的底价，所以没拍到。

因为准备10月份在景德镇中国陶瓷博物馆举办"黄承天德——景德镇明清御窑黄釉器对比特展"，其中御窑黄釉完整器展品由我提供，考古出土的修复件由景德镇市陶瓷考古研究所提供。因此，景德镇市陶瓷考古研究所所长江建新、深圳市博物馆副馆长郭学雷、景德镇市陶瓷大学曹建文教授、景德镇中国陶瓷博物馆副馆长何身德、景德镇市东方古陶瓷研究会执行会长李峰等专家在2017年6月4日联袂到广州，对我即将送展的御窑黄釉瓷器进行鉴定。

众位专家老师对这件筒瓶非常感兴趣，从胎土、釉色、造型等方面进行鉴定，一致认为是难得一见的顺治御窑器。他们还拍

> **玮瑜说瓷**
>
> 口沿：瓷器口部及边沿的统称。不同时期、不同器物的口沿形状各异，口沿的形状和成型工艺，是鉴定器物烧制时代的依据之一。

| 景德镇陶瓷考古研究所所长江建新（中）、深圳博物馆副馆长郭学雷（右）鉴赏黄釉筒瓶 |

了很多照片作为鉴定标准，江建新所长说："真是非常难得！这件筒瓶从胎土、釉色、工艺都是顺治时期的，而当时黄釉只会施用于皇家使用的御窑器，顺治御窑的完整器非常难得。""它的造型有点像崇祯的，会不会是崇祯的御窑器呢？"我故意问。

"暂时没有发现崇祯朝有烧制御窑瓷器的历史记载，而黄釉瓷肯定是御窑器。明末清初的器物光从造型很难区分是崇祯晚期还是顺治前期，特别是单色釉，不像青花还可以从发色、纹饰等方面来判断，所以大多以'明末清初'来定义这时期的器物。但从此瓶底的胎土来看，这件筒瓶判定为顺治没有问题。"郭学雷馆长一边说，一边从多角度拍下这只筒瓶的照片。与

玮瑜说瓷

发色：指釉下彩瓷器（例如青花和釉里红）在烧成后呈现的颜色，发色的状态它直接影响到瓷器的美感，关系到瓷器的价值。影响发色的因素除了釉料之外，另一个就是烧窑温度和气氛。

| 专家团队：李峰、曹建文、江建新、何身德、郭学雷、冯玮瑜（从左到右）|

名家研究商讨，得到几位专家指教，寻源探秘，一点点积累知识，诚乐事也。

江山一统，一统江山，一统功成万骨枯。今日我们所享有的和平，是多么珍贵啊。我爱好收藏，故而喜研历史。中华民族五千年历史经历了重重磨难，太平日子是不多的。

古人所说"开元之治""弘治中兴""康乾盛世"怎及得上今天的国泰民安、国强民富。我欣逢盛世，所以懂得珍惜，惜物也惜时。

这件筒瓶，生于乱世，见证了一段汉民族的惨痛历史，也见证了清初满人立国时的宫廷规范。

崇祯的悲催、顺治的悲情……筒瓶不言。三百年来默默无语，瓶里装载的，是几许悲怆，几多欢笑。

或许顺治和董鄂妃的欢声笑语，还可以从瓶中慢慢倒出，细耳倾听……

三百年旧物，奔来眼底。百千件往事，涌上心头。崇祯、大顺、顺治、康熙，天翻地覆。国仇家恨，心中激荡。小女子拍案而起，长歌当哭……

今日欣逢太平盛世，生逢其时，国运兴，家运旺，我才可把四百年前皇家旧瓶，闲来插花，抒怀遣兴，"聊赠一枝春"。

对瓶当歌，人生几何？

世事大梦一场，人生几度秋凉。

玮瑜谈收藏与理财

如何避开信息不对称的陷阱？

《大河美术》：您常年在拍卖一线，就您的了解，当下艺术品的消费与收藏是怎样的一个现状，与前几年相比发生了哪些变化？

冯玮瑜：越来越多的人进入收藏界。虽然我们平常看到宣传都是拍了几个亿的物件，但这并不是有钱人的"游戏"。收藏可以作为家庭配置的一种方式。近几年是艺术品市场的调整期，这是一个洗牌的过程，减少不好的，留下精品。目前的收藏市场普品淘汰，精品价格正合适，从金融角度来说，是进仓的时机。在过去疯涨时期，好的坏的一起涨，不了解这个行业的人就会买到错的东西。调整期对于这个行业的人是寒冬，对于广大的收藏爱好者来说倒是一个好时机。如果经常听到去年入手一件东西，今年就翻了好几倍，说明市场是不健康的。这个调整过程虽然很痛苦，但对于市场是必需的。通过今年春拍，我们已经能够了解到市场在复苏、回暖。

——摘自王伟杰：《收藏是家庭生活的一部分：著名收藏家冯玮瑜谈收藏那些事儿》，《大河美术》，2017 年 8 月 31 日

欧洲人在发现澳大利亚的黑天鹅之前，认为所有天鹅都是白色的，甚至用"黑天鹅"指代不可能存在的事物。纽约大学金融工程学教授塔勒布用"黑天鹅"一词指代难预测、影响大的事件。这类事件在意料之外，却又可以瞬间改变一切。

"黑天鹅事件"会对信息不对称的人造成严重损害。信息不对称现象不仅普遍存

在于股票、外汇等市场，在收藏市场更加普遍，稍有不慎就会高买或买错。宋代文豪黄庭坚的书法作品《砥柱铭》最初来自日本一场简陋的拍卖会，卖主并不知道它的价值，竟无底价送拍。当拍至上千万日元时，卖家已经开心得快要晕倒，但他不知道，随后这幅书法在国内创造了中国书法作品的最高价4亿人民币，日本卖家可能要痛心得昏倒。

艺术品都是非标品，容易产生信息不对称和认知差异，艺术品巨大的翻倍空间，并非来自价值增长，而是信息不对称及认知的差异。对此，我的建议是：

尽可能多地收集藏品（或拍品）信息。获取信息并非易事，比如卖方释出藏品（或拍品）时，有兴趣的竞买人会收集各方信息，查证有关藏品（或拍品）的各种信息。细心的朋友会发现，人脉是获取有效信息的重要途径，圈内人的信息会对你的投资决定会带来莫大的帮助。

防止信息冲突。如果把相同信息摆在不同人面前，可能会得出不同的结论。一方面与人们自身的信息储备水平有关；另一方面也与人们研究问题的角度有关。美国社会心理学家 L. 费斯廷格（L.Festinger）认为，每个人都会努力使自己的内心世界平和协调，然而所有人都无法使自己达到协调的状态。我们掌握越多信息，越容易出现认知不协调现象，降低决策水平。当发现有信息冲突时，先把坏的方面列出来，看看风险有多大，自己是否能承受。再列出好的方面，考虑收益与风险的平衡点。记住一个原则：宁可错过，不可买错。好东西是买不完的。留得青山在，不怕没柴烧。

对信息的判断能力。如果买卖双方直接交流，买家有机会多掌握一些卖家提供的信息。然而在拍卖场所，拍卖公司不会透露卖家信息；另一方面，由于占有信息不对称，卖家会选择性地提供有利信息。因此，对于卖家提供的信息，买方仅作参考。

总之，在收藏市场上，信息不对称是普遍现象。我们没有必要因噎废食，而不敢投身其中。毕竟，收藏正在成为越来越多中产阶级配置家庭财富的一条新途径。

| 柠檬黄釉小盘 |

玖

第 9 章

龙盘凤翥

一对
清代雍正柠檬黄釉小盘
入藏记

藏品：柠檬黄釉小盘（一对）　　　　　来源：佳士得香港2007年11月27日　编号1716
年代：清雍正　　　　　　　　　　　　　　　　佳士得香港2014年11月26日　编号3287
款识：青花楷体"大清雍正年制"
　　　六字双行外围双圈款
尺寸：口径 6.3 厘米

2014 年 11 月，著名收藏家冯玮瑜收藏

　　此对小盘撇口外敞，弧壁轻薄，圈足，内外壁均施柠檬黄釉，釉色均匀，纯净娇嫩，淡雅柔和，与整器的轻盈灵透相得益彰。底部施白釉，坚细匀净，署青花楷体"大清雍正年制"双行六字外围双圈款，字体清秀工整，神韵雅致俱存。

在中国瓷器发展的历史长河里，一直都在传承和延伸，能够突破传统桎梏而创出新的釉色，谈何容易？几千年的传统工艺和釉色，一代又一代能工巧匠殚精竭虑，才烧造出美轮美奂的皇家御窑瓷器。要突破那么多代人的心血结晶而创新，其难度可想而知。

传统的娇黄釉，在明弘治时期已经发展到顶峰，后代一直未能超越。到清雍正时期，则另辟蹊径，创烧出与传统娇黄釉完全不同的一种全新黄釉，比传统的黄釉呈色更加浅淡，釉面更加匀净柔和，酷若柠檬，世称柠檬黄釉。

康熙晚期，随着中西文化的交流和外国传教士的渗入，西洋以氧化锑为呈色剂的低温黄釉技术也随着各种外国釉料传入中国。至雍正年间，沿袭了西洋元素的影响，终于烧成以氧化锑为主要呈色剂的低温色釉——柠檬黄釉，成为色釉之名贵品种。这种色釉淡雅温润，色泽宜人。因颜色淡黄，故又称蛋黄釉或淡黄釉，较之传统以氧化铁为呈色剂的娇黄釉更为柔美，别具清新亮丽、娇妍媚人之气韵。这种柠檬黄釉器物由于规制及烧造难度限制，传世品非常稀少，愈显罕见珍贵。

在黄釉的系列收藏中，我一直对柠檬黄釉器喜爱有加。而在柠檬黄釉器中，雍正、乾隆的御窑器都极为精美，尤以雍正朝出品为最。

纵观清代，宫廷艺术珍品以雍正一朝为最。雍正皇帝的审美品位，引领了当时御窑瓷器的艺术风格，使之步入至美至精的境地。于彩瓷之外，诸色釉瓷亦精彩纷呈，仿古与创新并存。其中柠檬黄釉为雍正朝最为尊贵的一道釉，深得皇帝宠爱。传世所见柠檬黄釉也以雍正御窑的品质最为著名，目前两岸故宫博物院所藏此时期的柠檬黄釉瓷器造型多为盘、碗、杯、碟等圆器。

雍正朝柠檬黄釉瓷器釉质粉嫩，视觉感强，世人以雍正柠檬黄釉瓷器为清代黄釉瓷器的最高水平。雍正柠檬黄釉瓷器在拍卖市场中也有不俗的表现。

柠檬黄釉当然是我很喜欢的色釉，也是我的收藏方向之一，所以一直都在关注市场上御窑柠檬黄釉瓷器的出现，特别是雍正朝这一品种。

2014 年 11 月 20 日，嘉德秋拍"杯中趣——瓷杯集珍"专场出现一对雍正柠檬黄釉小杯，编号 3019，图录注明是"国有文物商店旧藏"，我很感兴趣。广州的一个藏友告诉我这是广州市文物总店送拍的。得知消息后，我马上去找广州市文物总店王经理，提出不需送拍了，我就按文物总店的送拍价格要了，这样既保证他们能卖出，我也能买到。按粤语的说法就是"一家便宜两家着数"，多好的事。可市文物总店王经理不同意，只说："如果真的拍不出，拿回来后，价格可以按你以往在文物总店买东西的折扣给你。"我过往在文物总店买东西，王经理也会给我一个较好的折扣。

由那一刻起，我就天天祈盼着它拍不出去。

同样在 2014 年 11 月 20 日，北京东正拍卖有限公司举行的"皇家长物"专场拍卖，也出现了一对雍正柠檬黄釉墩式杯，编号 259。因为太漂亮了，吸引了从没在这家拍卖行竞拍过东西的我的关注。我习惯于在苏富比、佳士得入手购藏，国内也只从嘉德购藏，保利偶尔为之，其他拍卖行就很少关注了。这些大拍卖行已足够我来挑选了，好东西买不完。

由于东正这对雍正柠檬黄釉墩式杯太诱人了，我也跃跃欲试。第一次到东正办牌参拍，工作人员要我交保证金，我说我在苏富比、佳士得从来都不用交保证金，工作人员可不理这个茬，一定要交保证金才行。正说着，东正拍卖的郑总（后来知道他叫郑健生，是拍卖行业里有名的人物，再后来大家都加入了"佳趣雅集"，而且还同是理事，这是后话）走了过来，用粤语问我是不是广东人，我说是。我说我在其他拍卖行都不用交保证金的。郑总略问了几句情况，也没多说什么，就帮我签了个名，让工作人员去办牌了。我急着说："还不行，要办个电话委托，因为拍卖时间跟嘉德碰到一起了，我要留在嘉德现场。"郑总笑笑，就安排把电话委托也办好了。

嘉德跟东正，刚好同在20日下午1点30分开拍，碰到一块了。我选择留在嘉德现场，东正电话竞投，只希望它们不要碰到同一个时间。

在嘉德拍卖现场，我看见广州文物总店王经理等几人都到了，坐在前面。

接近下午2点多，东正的电话首先来了，我连忙拿着手机走到拍卖厅的外面

| 时任东正拍卖总经理郑健生（左）与冯玮瑜合影 |

听着，东正那边是郑总亲自帮我举牌，这对杯子估价是 100 万至 120 万，由 100 万起叫。我不停地应价，当举到 150 万时，电话那边郑总声音略带沙哑，连连说："太高了，太高了，算了吧！"

　　既然郑总都这么说了，我就从善如流，放弃了，反正还有嘉德这边嘛。我马上挂了电话匆匆回到嘉德场内（事后回想，我在这里犯了一个错误：即使东正放弃竞拍，也应该听着最后成交价，为嘉德这边的举牌出价做参考。后来查知，东正的柠檬黄釉对杯以 224 万元人民币成交）。

　　刚回至拍卖厅坐定，嘉德这对柠檬黄釉杯也开拍了，拍卖师以 130 万开始起叫，我内心不停地喊：流拍！流拍！流拍……紧张地左顾右望，糟了！现场有人应价了……没办法，我也只得跟着举牌，加入竞价行列。这对柠檬黄釉杯争抢并不激烈，场上就只有两家在竞价，你来我往，当举到 170 万时，已经比几分钟前东正那对郑总建议的放弃价还要高。东正那对杯比嘉德这对杯还要漂亮，郑总认为东正那对 150 万都高了，怎么嘉德这对那么高价？我突然起了疑心：市文物总店事前知道我要买这对小杯，场上只有两个牌子在争，万一他们找个人做托，举举举，我这跟跟跟，不就成傻瓜了？莫非有诈？不能上当！哼，那对杯就让文物总店自己举回去吧，回广州再让他们打个折给我。我当即收牌不举了。这对小杯终以 170 万元人民币落槌。

　　这场拍卖结束后，我迫不及待地问嘉德瓷器部那对柠檬黄釉杯是否送拍人自个儿举回去了？回答说："不是的，嘉德从不搞这些花样，是真成交了。"

　　我一下子呆住了。

　　我还不死心，又去问文物总店王经理，她也说是真成交了。

　　聪明反被聪明误，一念之差，我与两对雍正柠檬黄釉小杯在半小时之内，就这样失之交臂。

顷刻之间，进退失据，既丢陇又失蜀。小女子仰天长叹，卿卿算尽太聪明，一场欢喜一场空。

"往者不可谏，来者犹可追。"（摘自《论语·微子》）

几天之后的 2014 年 11 月 26 日，佳士得香港秋拍就登场了，这里又出现了一对雍正柠檬黄釉小盘，编号 3287。根据图录介绍，这对小盘于 2007 年 11 月 27 日也在佳士得香港上拍过，编号 1716。时隔 7 年，重现江湖。

这对小盘口径仅 6.3 厘米，小巧别致。放在掌心，釉色烨然，娇俏可人，顿觉眼前风姿摇曳，美艳不可方物。

别看这对盘尺寸小小，还没掌心大，可釉色细腻淡雅，极为精致。古董不以大小论价，大有大的气派，小有小的精致，拍了 2.8 亿的明代成化斗彩鸡缸杯，不也是盈盈可握的小杯子而已吗？

在预展现场碰见佳士得的陈良玲小姐，她是香港拍卖界知名的大美女，明眸皓齿，长发飘飘，一颦一笑，美艳动人。我向她了解一下那对小盘的情况，她说："那对小盘好可爱哦，来源没有问题，品相非常好。"

她说得真对！那对小盘，轻盈灵透，就像一对可爱的小精灵，让人一见倾心。

或许是起拍价太高，或许是有更好的选择，藏家各有各的考量，拍场上只有我一人举牌应价，以底价竞得，成交价为 87.5 万港元。

| 陈良玲（左）与冯玮瑜合影 |

柠檬黄釉小盘

世人追求娇奢繁缛，喜欢青花、彩绘之类的瓷器，而我独爱淡雅的单色釉瓷器，特别是单色釉瓷器中的贵族——黄釉瓷器。此对小盘撇口，弧壁轻薄，圈足。内外壁均施柠檬黄釉，釉色均匀，纯净娇嫩，淡雅柔和，与轻盈灵透的形体相得益彰。圈足内施白釉，坚细匀净。外底署青花楷体"大清雍正年制"六字双行外围双圈款。字体清秀工整，神韵雅致俱存。

此对小盘还有一个妙处，就是外壁与内壁釉色略有色差，外壁釉色有点偏秋葵绿，内壁釉则为纯正的柠檬黄色，虽然不明显，但认真看还能分辨出来，想必是烧窑时小盘内外壁所受窑温不同所致。两者釉色并不突兀，看上去和谐悦目。难得的是两只小盘都具同样的现象，可知是同一窑烧造的，从烧窑开始，它们就在一起了。三百多年来，这一对儿从没分开过。在它们一代又一代主人的珍惜呵护下，相偎相依至今，人生难得如初见。

单色釉，也称"一色釉""纯色釉"或"一道釉"。它没有青花的蓝白相映，没有彩瓷的繁复缤纷，纵然仅纯净一色，却不输于"浓抹艳妆"。单色釉瓷器虽然颜色单一，却不浮、不嚣、不靡、不媚、不俗，浑然天成，素雅淡净，与近代极简主义的美学思想不谋而合，处处体现了天人合一、美到极致是自然的美学境界。

单色釉在宋元时期已蔚为大观，明清时期官窑出品的精练单色釉瓷更是臻于顶峰，达到"合于天造，厌于人意"的境界。据雍正十三年（1735年）唐英《陶成纪事碑》记载，清代御窑厂烧造的彩釉多达 57 种，其中大部分是单色釉瓷器，可见雍正皇帝对单色釉瓷的偏爱。

唐英所撰《陶成纪事碑》记载"岁例供御"瓷器的 57 种彩釉里，其中的"西洋黄色器皿"指的便是柠檬黄釉之品。柠檬黄釉与传统的黄釉相比较呈色更加浅淡，釉面更加娇美匀净。

乾隆朝清宫内务府造办处《记事档》载："（乾隆三年）元月二十五日，

太监高玉交首领萨木哈、催总白世秀……洋黄三寸碟、洋黄里外收小三寸盘……传旨交与烧造瓷器处唐英，照样烧造送来。"此处所说的"洋黄瓷器"当指雍正朝的旧物，因为"洋黄瓷器"是雍正朝创烧出来的。乾隆是雍正的儿子，乾隆御旨所说拿来仿烧作样板的"洋黄瓷器"只有父亲雍正朝才会有，而乾隆初年已经要仿烧雍正的柠檬黄釉瓷器，说明乾隆初年宫中所存柠檬黄釉瓷器已至稀珍，需要仿烧才能解决短缺的问题。

目前两岸故宫博物院所藏雍正柠檬黄釉瓷器数量稀少，足证其珍。

乾隆御旨的"洋黄里外收小三寸盘"，尺寸到底是多少呢？很多人没关注，而我收藏古陶瓷，同时也研究古陶瓷，对每一个细节都希望能寻根究底弄清楚。

我也请教过几位师长，对乾隆时期的小三寸到底是今天的什么尺寸，大多语焉不详。

2017 年 6 月 18 日晚，我在北京当面请教故宫博物院器物部主任吕成龙老师，吕老师说："古时的量度尺寸与现在并不一致，现在一寸即为三厘米，可古代一寸还不到三厘米。小三寸更小一些，你那对 6.3 厘米，就是小三寸。"

终于弄明白了，也就是说，我收藏的这对雍正"洋黄里外收小三寸盘"，就是乾隆"传旨交与烧造瓷器处唐英，照样烧造送来"的那种做样板的小盘。

此对小盘釉色莹润淡雅，怡人心扉，神韵雅致俱存，乾隆皇帝也特别拿出来仿烧，可见这种雍正小盘在当时已是极为珍稀，虽小犹珍。

这种雍正小盘也作陈设器使用。据《故宫藏清宫陈设档》记载，嘉庆五年（1800 年）十月，雍和宫（海棠院清晖娱人高云情殿座陈设清册）"南漆香几一件，上设……雍正款洋黄小瓷碟四件……"。

　　这对柠檬黄釉小盘小巧端庄，精美可爱，可谓掌中之物。把玩摩挲，令人爱不释手，甚适于心，且成对出现，非比寻常，难得一见，无愧雍正御窑隽品之美誉。

｜华艺拍卖瓷器部总经理周俊（右）与冯玮瑜共赏柠檬黄釉盘｜

　　"一入江湖岁月催"，这几场拍卖，一南一北，千里奔波。几天之间，忽失忽得，忽悲忽喜，真折磨人！

　　回到广州，自然良朋相聚，我说起与这几件柠檬黄釉瓷器的故事。华艺拍卖瓷器部的周俊总经理说："嘉德和东正那两对柠檬黄釉杯子，都曾留驻在广州，可惜最后的归宿，始终无缘广州啊！"

　　"啊？又有故事？"我好奇地问。

　　于是周总告诉我东正那对柠檬黄釉杯子的故事前传。

　　此杯最早出现在英国伦敦一个行家手里，被广州一个行家看中了，就以20万元人民币买下带回广州，没想到回广州后，同行纷纷打枪，都说东西不对（即赝品）。打枪的人多了，这位广州行家心里发虚，想退货，但古董买卖这一行，自古以来就是出门不退换，哪有"三包"的？玩的就是心跳！打眼的有，捡漏的也有，全凭的是各人的眼力和福荫。但20万元就这样没了，说什么也不甘心。广州行家硬着头皮给伦敦那边打电话要求退货。托祖上积福，没想到伦敦方面竟然同意了。广州行家喜出望外，连忙携杯赶去伦敦退货，只怕迟了对方不认账。到了伦敦，对方也很客气，问是否真的要退货，广州行家当然是一万个愿意。对方验完货，当场就把钱退回了。一切办妥，广州行家千恩万谢，告辞离开，伦敦方说请您等一等，然后拿起电话，调为对讲状态，让大家都听到通话。伦敦方说："那对柠檬黄釉杯子又回来了。"电话那头说："太好了，千万帮我留住，80万元人民币马上打款给您，拜托，拜托！"那位广州行家当场脸都绿了。几个月后，这对杯子在东正拍出了224万元人民币。

听周总说完，我扼腕叹息。故事是周总亲口所述，真实情况是否如此？我没有去查证，姑妄言之姑听之吧。

| 专家团鉴赏柠檬黄釉小盘 |

　　2017 年 4 月，我到景德镇市陶瓷考古研究所拜访江建新所长，商谈本
年 10 月份在中国陶瓷博物馆举办"黄承天德——景德镇明清御窑黄釉器对
比特展"一事。景德镇市陶瓷考古研究所是中国古陶瓷学术研究领域一个
极其重要的学术机构，因为明清两代近六百年的御用瓷器都是在景德镇御
窑厂生产。明代未达御用标准的产品全部被打碎，掩埋在御窑厂内，所以
御窑厂内拥有近六百年皇家御用瓷器的标本。而对御窑厂旧址进行管理与
考古挖掘的就是景德镇市陶瓷考古研究所，它所收藏的瓷片标本和修复件
在整个世界无出其右，而且毫无争议，全都是标准器。可以这样说："整器
看故宫，残器看景研。"

｜江建新所长、郭学雷副馆长在鉴定柠檬黄釉小盘｜

　　近几年来，故宫博物院与景德镇市陶瓷考古研究所联合在故宫举办了
"明代洪武永乐宣德御窑器——景德镇御窑遗址出土与故宫博物院藏传世
瓷器对比展""明代成化御窑瓷器——景德镇御窑遗址出土与故宫博物院
藏传世瓷器对比展""明代弘治、正德御窑瓷器——景德镇御窑遗址出土
与故宫博物院藏传世瓷器对比展"等几场展览，开出土与传世瓷器对比展

| 景德镇市东方古陶瓷研究会执行会长李峰（右）、景德镇市陶瓷考古研究所所长
江建新（中）与冯玮瑜在品陶斋合影 |

的先河，每一场对比展都轰动海内外。

小女子不自量力，想把自己收藏的御窑黄釉器与景德镇市陶瓷考古研究所联合举办对比展，让个人藏品与御窑遗址出土品互相印证对比。若真能成事，那么在中国古陶瓷收藏领域也算是史无前例，"但开风气不为师"。

江建新所长在景德镇市陶瓷考古研究所工作数十年，是国内外卓有名望的大专家，也是多所大学的研究生导师。由于上手和研究了大量的御窑器瓷片、修复件以及完整器，江建新所长对明清御窑器的研究有深刻独到的见解，也是明清御窑瓷器鉴定的重量级专家。

当我提出对比展的构想后，江所长认为，景德镇市陶瓷考古研究所以往只跟故宫博物院一家合作做过对比展，那是公立机构。跟民间个人藏家联合做对比展，这是从来没有过的事，还得慎重。江建新所长提出首先要看我的藏品，要组织专家团队审验。

2017年6月4日，由江建新所长和景德镇陶瓷大学曹建文教授、景德镇中国陶瓷博物馆副馆长何身德、深圳市博物馆副馆长郭学雷、景德镇市东方古陶瓷研究会执行会长李峰组成的专家团队抵达广州，对我的藏品进行检验。

检验有一套严格程序。每件器物都要附彩色照片、名称、年代、尺寸，每一个专家鉴定后都要签名，而且要景德镇市陶瓷考古研究所、景德镇中国陶瓷博物馆和我各存档一份。只要有一个专家否定，就算审验不通过。

通过对每件藏品亲自上手审验，江建新所长对这批御窑黄釉器非常首肯，评价极高，认为一个民间藏家对于御窑等级最高的黄釉瓷器，藏品数量之多，造型之丰富，系列之整齐，极为少见。特别是众多藏品中竟没有一件赝品，可见入藏时眼光之精准，非同寻常。

这对雍正柠檬黄釉小盘，经吕成龙、江建新、曹建文、郭学雷、于大明、金立言等多位老师上手玩赏过，纷纷称赞不已。

鉴藏品而知藏家，江建新所长对我青眼有加，故带上我一起去广州现存唯一一个宋代窑址进行田野考古。这个宋代窑址坐落在广州市番禺区南村镇沙边村的一个山冈上。翻过一片起伏的菜地，涉过水塘，穿过芭蕉林，

| 广州宋代窑址田野考古，从左至右依次为：熊寰、冯玮瑜、江建新、曹建文、何身德、李峰 |

上了一个小山岗，只见在岗上竖立着一块孤零零的石碑，上刻"番禺市文物保护单位 宋代沙边村第五号窑旧址 番禺市人民政府立"。遗址已是破败不堪，不见有人管理，瓷片、匣钵倒是随处可见。带队考察的是中山大学熊寰教授，他说遗址边上有一个断面层可以看到地层堆积，可惜一行人走到山岗边，断面层已经让当地村民建房给破坏了，而且遗址几十米处也已被村民平整土地准备建房了。在平整的土地里，瓷片不时见到，江所还捡到一个器形完整的宋代瓷器。

熊寰教授一边摇头一边痛心地说："这个窑址我多次来过，以前很大，现在破坏得很厉害，过几年可能都不在了。这可是广州唯一的宋代窑址啊！"

我自小在广州长大，也喜欢收藏中国古陶瓷，还是第一次听说广州有宋代窑址。而勒石立碑的番禺市早在上世纪末就被并入广州市管辖成为一个区，这个广州唯一的宋代窑址在城市现代化进程中被慢慢湮没了。

这是我第一次跟随老师们田野考古、捡瓷片……烈日炎炎，做田野考古真不容易！江所自参加工作起就在景德镇市陶瓷考古研究所从事发掘、研究等工作，同

玮瑜说瓷

匣钵：装烧瓷器的重要窑具之一，是放置瓷坯并对瓷坯起保护作用的匣状窑具。各种瓷坯，均须先装入匣钵，然后才装进窑炉焙烧。瓷坯装在匣钵内焙烧，避免了烟火与坯件直接接触，使坯件受热均匀，釉面洁净，提高产品质量和生产效率。

时还外出指导其他地方窑址、遗址的发掘工作。数十年经验的积累，无数瓷片、文物的上手，才炼成火眼金睛，有今天的成就，成功非侥幸。

玮瑜说瓷

乳浊釉：是一种不透明的彩釉，产生乳浊效果的原因是由于釉层中含有大量的微细气泡，对光的折射率不同，引起光散射而产生乳浊现象。传统的钧釉就是乳浊釉的一种。

清代黄釉瓷器烧制最好、艺术水平最高的当属雍正一朝。雍正黄釉瓷不仅造型完美、做工精细、胎薄质细，更重要的是还创烧了柠檬黄釉瓷器。柠檬黄釉比浇黄釉呈色更为浅淡、不透明，属于有粉质的乳浊釉，釉色温润，给人以高贵的感觉，彰显皇家气派。

雍正柠檬黄釉御瓷小对盘，小而精美，方寸之间若藏龙卧虎，气度雍容，自有不同凡响之处。

龙盘凤翥，王者气象。

聚焦选定的艺术品类别

冯玮瑜女士还分享了自己多年以来在收藏和理财领域的心得，她温婉的气质和优雅的谈吐令在场读者如沐春风，她对于收藏作为一种特殊理财方式的解读，更给读者开启了新的大门。

——摘自陈小庚：《人人皆可成为收藏家》，

《南方日报》，2017 年 8 月 25 日

大家都说不要把鸡蛋放在一个篮子里，但如果把鸡蛋放在多个篮子里，你照看得过来吗？

在这里，"鸡蛋"既指资本也指你的精力和时间。艺术品收藏涵盖了好多类别，大的可分为书画、瓷器、珠宝、杂项等，每一类别都博大精深，穷尽一生的精力都未必能研究透彻。

如果站在投资理财的角度，还要考虑藏品日后的流通变现，对类别、品相以及时代审美观的改变也要考虑在内，这要花费时间和精力。与其什么都投资收藏、做多做杂，不如做专，聚焦于自己选定的某一个类别，研究透彻，这样才能成为某一类别的真正专家。在建立收藏主线的基础上，可以增加一些辅线，作为补充。

术有专攻，业精于勤。如果什么都想收藏，不仅要有雄厚的财力，还要花费很多精力。博物馆里都要按照类别陈展，各类别都有不同的专家，你能三头六臂、

样样都吃透？所以收藏一定要选定自己的收藏主线，评估哪一样是自己的最爱，或是哪一样最有投资价值。

一方面，持续学习，提升自身的专业水平；另一方面，认真研究自己犯下的每一个错误，把这些"负债"变成"资产"，而不是一味地掩埋错误。时常警示自己，提醒自己不要被同一块石头绊倒两次。

不过，无论你认为自己掌握了多少收藏知识和行业信息，要想成功抵达收藏致富的至臻境界，肯定还有很多知识需要潜心学习。市场在变化，科技在进步，高仿、作假工艺在提高，我们处于一个快速变化的年代，唯有学习、学习再学习，聚焦、聚焦再聚焦，才能跟得上时代的发展。

| 撇口黄釉盘 |

拾

第 10 章

苍烟落照

一只

记录御窑历史终结的黄釉盘

入藏记

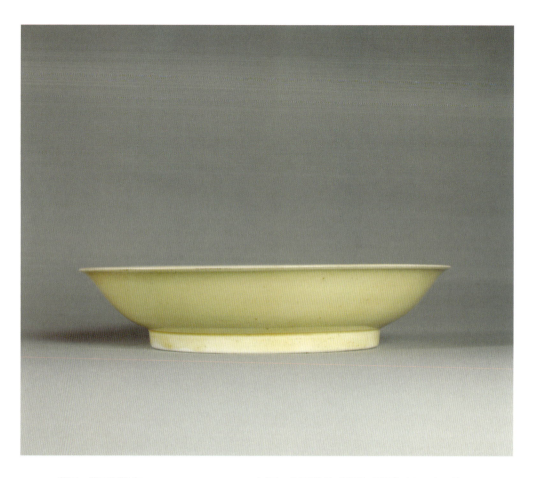

藏品：撇口黄釉盘

年代：清光绪／宣统

款识：青花楷体"江西瓷业公司"
　　　六字三行外围双圈款

尺寸：直径 14.3 厘米

来源：中国嘉德"嘉德四季"2017年3月31日
　　　"百瓷集韵——瓷器工艺品夜场"
　　　编号4846

2017 年 3 月，著名收藏家冯玮瑜收藏

　　该件黄釉盘工艺精良，胎土之细腻已近于现代瓷器，应是机器练泥所致。其黄釉釉色浅淡，依然采用矿物质釉料。黄釉盘外底署青花楷体"江西瓷业公司"六字三行外围双圈款，字体工整，神韵俱致，带有官窑风格。

　　"三千年未有之变局"—— 这是清末重臣李鸿章面对近代西方资本主义列强入侵后中国社会变化发出的慨叹。

　　鸦片战争后，清政府几乎输掉了所有对外战争。列强用坚船利炮打开清政府的海疆大门，皇宫禁地遭到入侵，皇家园林遭到焚毁，皇帝被迫逃往他省。外国传教士和商人渗入中国内部，修筑教堂，开设租界，设立海关，对中国传统封建社会产生了颠覆性的影响，这是过去数千年从没见过的。从西周开国到晚清，历经许多朝代更迭和异族入侵，但是三千多年反反复复的历史都无法与资本主义帝国对中国封建社会造成的影响相提并论。

　　"帝制"始于"周秦之变"，自秦以来延续了两千多年的封建帝制，连同之前的"周秦之变"，封建帝制大约有三千年的历史。随着宣统皇帝逊位，中国封建帝制也退出历史舞台，从此中国进入了共和制的新纪元，这是真正的"三千年未有之大变局"。

　　一切都变了，皇朝灭亡了，皇帝没有了，专为皇家生产御用瓷器的御窑制度也因此失去了存在根基。早在光绪末年，清朝已是风雨飘摇，大厦将倾，此时御窑制度已经开始散架。

　　光绪皇帝试图通过变法维新重整朝纲，挽救摇摇欲坠的大清王朝。他提出"振兴实业"的口号，官办或官商合办的瓷业公司纷纷建立。光绪三十年（1904 年）至宣统二年（1910 年）期间，先后建立了七间新式瓷厂，一度出现了所谓的"同光中兴"之兆，但这只是崩塌前的回光返照。光绪末期，大清王朝已是苟延残喘，皇家御窑的生产也奄奄待毙。到宣统年间，御窑的处境变得更加不堪。

宣统二年（1910 年），为了抵制西洋瓷的倾销，不少有识之士纷纷倡议创办瓷业公司，发奋图强，振兴瓷业，并先后成立了福建宝华制瓷有限公司、萍乡瓷业公司、湖南瓷业公司、川瓷公司等。

江西瓷业公司也顺势再次成立，厂址设于现在的建国瓷厂旧址。重新开业的江西瓷业公司开始采用新法和机器制瓷，迎来了瓷器企业化生产的新时代。

一年后，辛亥革命爆发，宣统逊位，民国建立。近三百年的大清皇朝从此"落花流水春去也"，统治中国两千多年的帝制土崩瓦解，在中国历史上写下一个休止符。

旧世界被彻底砸碎，新世界并未重新建立。正如鲁迅先生所言，"城头变幻大王旗"，你方唱罢我登场。兵燹水火，民不聊生，社会动荡不安。

景德镇的传统制瓷业也饱受社会大转折的折磨，变得凋敝萧条。幸好有江西瓷业公司这个避风港，那些因御窑解散而流离失所的工匠艺人们才得以有一个遮风挡雨的地方，传统的制瓷手艺才得以承传，并与新技术、新工艺相结合，发扬光大。

江西瓷业公司在沿用传统工艺的同时，着手进行实验改良。在技术上中外结合，他们聘请了从日本窑业学校毕业归国的技工，尝试采用机械制瓷、用煤烧造等措施。为了提高生产效率，江西瓷业在生产过程中不同程度地采用了机械化或半机械化加工，不仅使用了脚踏辘轳车、手摇碎釉机、石膏模型铸坯、雾吹器施釉等设施，而且采料、练泥、制坯、晾晒、成型等环节基本上采用流水作业。因此制作出来的坯体整齐划一，厚薄均匀，旋削切割精准，干净利索。江西瓷业公司在成立之初依然采用旧制生产，这时的产品款识有专人书写，十分讲究，字体均为楷书。产品图案纹饰规整严谨，颇有光绪官窑的风格。后来，随着生产规模和产量的增加，手书写款因出产率低而逐渐被红彩图章款替代。清末民初的底款大都采用釉上红彩或蓝彩的图章款。

据 2003 年景德镇明清官窑遗址考古发现，江西瓷业公司首次成立于光绪二十八年（1902 年），厂址设于珠山北麓御窑厂内。从出土的瓷片款识"戊申江西瓷业公司试造"分析，该公司自光绪三十四年（1908 年）就已有生产。

这一发现纠正了地方文献记载的错误。历史上江西瓷业公司成立过两次，第一

｜撇口黄釉盘

次成立时属官窑性质，其文献档案属清廷管理，地方文献未予记载。第二次成立时改为民窑性质，地方文献档案中有明确记载。故有人误将江西瓷业公司创立时间记作宣统二年（1910年）。

江西瓷业公司是景德镇第一家官商合办的新型企业。它的成立标志着中国陶瓷业步入企业化时代，为古老的陶瓷产业带来一股新风，留下许多可圈可点的创新之处。它在体制上率先实行股份制，采取官商合办的模式；经营上崇尚技术创新，品种创新；同时附设中国陶业学堂，培养新人才。

1950年，江西瓷业公司作为官僚资本被收归国有，改为著名的建国瓷厂，成为新中国陶瓷生产的摇篮。江西瓷业公司成立后便网罗了许多来自御窑厂功力不凡的名匠和瓷绘高手参与制作，加之先进的经营模式，产品质量之精良可谓是当时景德镇最高水平的代表。一些清末国礼瓷具多由该公司包揽。

陈重远在《古玩谈旧闻》一书中介绍道，"传说郭葆昌于1913年春节后到达景德镇，这时清王朝的御器厂已经散了摊子……江西瓷业公司技术力量强。郭葆昌利用江西瓷业公司的实力，在景德镇给袁世凯烧造瓷器。"

玮瑜说瓷

玉壶春瓶：瓷器的一种传统瓶式，由宋人诗句"玉壶先春"一词而得名。定型于宋代，一直延续至现代，基本形制为撇口、细颈、垂腹、圈足。其造型上的独特之处是：颈较细，颈部中央微微收束，颈部向下逐渐加宽过渡为杏圆状下垂腹，曲线变化圆缓，它是一种以变化柔和的弧线为轮廓线的瓶类。

1915年，袁世凯窃国称帝，建号"洪宪"，仿效明、清两代皇帝，派遣陶务监督郭葆昌到景德镇督造御用瓷器，即所谓"洪宪瓷"。袁世凯称帝只得83天，"洪宪瓷"也跟着短命。由于时间有限，人才缺乏，"洪宪瓷"不可能另设窑厂烧造，江西瓷业公司实力最强，所以极有可能选择由其秘密烧造。

目前所见各类江西瓷业公司款瓷器作品，既有颇具时代特色的创新之作，也有许多传统纹样的作品，其中不乏进呈宫廷的官窑作品。

从光绪晚期开始，清代的手工制瓷逐步发展成为大规模的机械化生产，江西瓷业公司成立之时正处于旧瓷与新瓷的交替时代，两者的许多特征都兼而有之。由于使用机器制造，胎土也使用机器淘洗，所以器物造型异常规整，胎体轻薄，瓷化程度高，用手敲击声音清脆响亮，已经接近现代瓷器的标准。

每年的拍卖，"嘉德四季"总是率先开拍，引领当年首场拍卖盛事。2017 年也不例外，早在 3 月底就隆重举槌，是国内首场拍卖活动。近年来，"嘉德四季"越做越出色，2016 年第一场，一件断颈的清雍正玉壶春瓶竟拍至 500 多万元人民币，发出古董市场价格由谷底回升的信号，在收藏界引起轰动。"嘉德四季"的实力不可小觑，可谓藏龙卧虎，不时出现惊艳的拍品。

应"嘉德四季"陶瓷工艺品部总经理刘旸先生邀请，我提前一周到嘉德库房看本场拍品，甫一见面，不需寒暄，我们直奔主题，开始鉴赏拍品。刘总特意准备了一些符合我收藏风格的拍品，我仔细地挨个研究，刘总在旁作详细介绍。

| 中国嘉德国际拍卖公司董事总裁兼 CEO
胡妍妍（右）与冯玮瑜合影 |

在嘉德库房看东西时，中国嘉德国际拍卖公司董事总裁兼 CEO 胡妍妍还专门过来看我。胡总心思细腻，眼波一转，就问刘总："怎么没有沏茶呢？"我和刘总相视一笑，是啊，我一到嘉德就马上进入状态看拍品了，大家都没留意。刘总连连说不好意思都忘记了。胡总马上叫人送来热茶，春寒里的一杯热茶，暖进心窝。谢谢胡总！

当我上手观看这件"江西瓷业公司"款识的黄釉小盘时，对其欣赏良久。只见它品相完美，价格偏低，甚中我意。刘总诚恳地说："这件您一定要收，这是最后的御窑黄釉器，具有划时代的意义。入藏一件御窑的最后产品，特别是您做黄釉系列收藏，意义更加重大。"

是的，正如刘总所言，做系列收藏当然应该有始有终，慎终如始。这也是我所坚持的收藏之道。我与刘旸相识数年，他为人诚恳，做事勤勉，专业知识扎实，眼光独到，不愧是嘉德培养出来的优秀人才。虽然我在"嘉德四季"参加的竞拍不多，但不妨碍我们成为好朋友，从学术到市场，从争议到鉴赏，我们时常畅所欲言，互相交流，我获益良多。

拍卖行业的工作特性是五湖四海地奔忙，刘总时有到广州，有空一定会约我见面，畅谈一番。跟刘总聚会有个好处：不用喝酒、不用唱 K，也不需去高级场所，一个简朴的地方，甚至一间小餐馆、一壶清茶就可以畅所欲言。一切只是老朋友间的随意豁达，所有的外在形式都不重要。

| 嘉德四季陶瓷工艺品部总经理刘旸（右）与冯玮瑜合影 |

有次他坐高铁从

北京来广州征集拍品，我们约好一起吃晚饭。他告诉我就住在广州南站（高铁站）旁的公寓酒店。待我找到刘总，发现他和同事竟然住在每晚两百多元、只有十多间房的经济型公寓酒店。这种小公寓酒店通常由个人或小公司通过租赁数十个小公寓改装而成，住宿条件参差不齐，价格比常见的"如家"等快捷酒店还要便宜。广州星级酒店比比皆是，堂堂的嘉德四季大老总，竟屈身入住小型公寓酒店。于是我不解地问他原因，他说："公司并没有限制我们的开支，但我想只要住得干净、方便出入就行，住这可为公司节约一点费用。"

| 中国嘉德图录封面（左）、内页（右） |

我听后很感动：不坐飞机坐高铁，不住星级酒店而住经济型小公寓；不喜奢华张扬，一心踏实做事，处处为公司着想。要知道嘉德乃中国最大的拍卖公司啊！窥斑知豹，从这些小事就可看出嘉德的作风。我也有自己的公司，深知要建立这样的公司文化和作风是多么不容易。勤快、节约、踏实、本分，这才是真正做事业的人。我非常欣赏嘉德的公司文化，更欣赏刘旸老总的为人处世。

刘总对黄釉盘的意见我深以为然，所以下了电话委托。开拍时我已回到广州，通过电话竞价数口，顺利拿下这件拍品。

这件黄釉盘，胎体非常细腻，已近于现代瓷器，应该是机器练泥所致，可见当时生产已使用新工艺。而黄釉依然采用了原来的矿物质釉料，并非现代化工釉料，只是釉色有点浅淡，可见当时国力下降，即便是皇家用瓷，对黄釉的呈色也不得不降低要求。黄釉盘外底署青花楷体"江西瓷业公司"六字三行外围双圈款，写得非常工整，神韵俱致，带有官窑风格，可见与御窑一样由专人书写，符合"旧制生产"的历史记载。此盘工艺精良，将传统与现代工艺表现得一览无遗。

黄釉为单色釉中唯皇家独用的釉色。此盘施黄釉，沿用御窑早已成型的固定式样，所用胎土精细，大有现代瓷器的特征。这既是百年前旧工艺瓷器与现代瓷器交替时代的见证，也是江西瓷业公司在光绪和宣统年间替御窑烧造瓷器的重要例证。中国嘉德在图录里专门用一页版面为此盘做考证，通过各种实物资料的对比、参照，证明这件黄釉盘是江西瓷业公司代替御窑厂烧造御用瓷器的例证。

一件如此有历史、文物价值的黄釉器，人们一定以为它价格不菲，其实不然，它的成交价仅为 1.725 万元人民币！

价格跟价值之间并非总是等号，价值会有被市场低估的时候。

这件黄釉盘，是我整个黄釉系列里入藏价格最低的一件，也可能是世人眼中认为价值最低的一件。但是，做系列收藏，价格高低不是唯一目标，追求的是系列的完整性，缺失了"江西瓷业公司"，就像缺了一个圆满的句号，总让人心存遗憾。有了它，我的黄釉系列收藏就增加了一件代表御窑时代结束的藏品。正如刘旸所说，此件藏品"意义重大"。只有丰富的数量和品种，才能让收藏体系完备。

古董收藏界有句老话："咸丰宣统赛乾隆"，意思是宣统、咸丰的御窑瓷器价格比得上乾隆的，究其原因，物以稀为贵。

咸丰皇帝虽然在位十一年，但在咸丰三年(1853年)，太平天国起义军席卷江西景德镇；咸丰五年（1855年），太平军烧毁御窑厂，御窑厂被迫停止烧造，直至同治五年(1866年)才恢复御窑生产，所以咸丰一朝的御窑烧造不超过五年。比咸丰年祚更短的是宣统，只得三年。所以宣统、咸丰年间御瓷的价值会被藏家高看一眼，而"江西瓷业公司"烧造的御瓷，根据现有资料分析，大约仅在光绪晚期及宣统这短短的几年内烧造，有实物为证的少之又少，如此稀罕之物，价值岂止1.725万元！

当然，每个人知识、审美、阅历和喜好不同，对艺术品的价值判断自然有差别。市场有错配，价值有低估，但金子总有发光的那天。

这不是捡漏，而是价值发现。总有一天，人们会认识到此盘的重要性。正如香港"敏求精舍"成员钟棋伟先生听到我入藏此盘后感叹道："我还从未见过'江西瓷业公司'款识的黄釉器，有机会一定要见识见识。"

实物资料的缺失会导致研究缺乏权威性。这件黄釉盘，拾遗补缺，功莫大焉。以后一定还会有人研究御窑黄釉瓷器，而且会做得更出色。而我可以成为桥梁，这些收藏体系的实物和资料可供后人参考。本书附录我的论文《御窑黄釉瓷器的收藏研究》，我的观点只是一家之言，未必正确，但我乐意抛砖引玉。

2017年6月4日，景德镇市陶瓷考古研究所所长江建新、深圳市博物馆副馆长郭学雷、景德镇市陶瓷大学教授曹建文、景德镇中国陶瓷博物馆副馆长何身德、景德镇市东方古陶瓷研究会执行会长李峰五位专家一起莅临广州，为10月份在景德镇中国陶瓷博物馆举办的"黄承天德——景德镇

明清御窑黄釉器对比展"做展品甄选和鉴定,其中御窑黄釉完整器全由我提供,出土器由景德镇市陶瓷考古研究所提供。

景德镇市陶瓷考古研究所曾与故宫博物院合作举办过几个专题对比展,这是研究所首次与民间藏家合作举办对比展,意义不言而喻。这次合作也是对我收藏的肯定。当检验这只黄釉盘时,大家特别意外和吃惊,竟然还有"江西瓷业公司"款识的官窑器?真是少见!经过一一上手仔细研究,几位专家一致认为,它是在江西瓷业建厂初期烧制的,是光绪或宣统时期的产物。

对于中国嘉德拍卖图录里经过考证后确认它是江西瓷业代替御瓷厂进行御瓷烧制的官窑产品,有专家认为它确是清末江西瓷业公司烧造的官窑器,因为光绪晚期乃至宣统时期御窑厂已散架,极有可能是光绪或宣统时期"官搭民烧"产品;也有专家持有不同看法,认为现在见到的宣统御窑器大都留有"大清宣统年制"款识,而这件却是"江西瓷业公司"款识,不能简

御笔 永受蕃釐 道光乙巳季秋

| 景德镇市东方古陶瓷研究会执行会长李峰（左）与冯玮瑜共赏"江西瓷业公司"款识黄釉盘 |

单武断定为官窑；还有专家提出，宣统一朝共三年，宣统之前属于官窑性质的江西瓷业已经成立，所以在宣统期间既有署"宣统"款识的官窑器，也有署"江西瓷业公司"款识的官窑器。

在那个动荡的年代，特别是在江西瓷业公司仍属官窑性质时期，烧造官窑瓷器完全有可能，毕竟那时黄釉瓷器仍由皇家独享。据资料记载，江西瓷业公司也曾烧造过进贡宫廷的官窑瓷器。

旧秩序与新事物重叠，旧规范与新工艺混合。最后，各位专家一致认为：这只黄釉小盘是江西瓷业公司在光绪晚期或宣统期间烧制御窑瓷器的历史见证物，因为是只有皇家才能使用的黄釉瓷，所以应是御用器，极有可能是江西瓷业公司属于官窑性质时期烧造的御用瓷器。该盘承前启后，意义非凡。

李峰会长捧着这只小盘，仔细端详了一番，满怀感慨地说："这只黄釉盘与我家有很深的渊源啊！"

"啊？难道您是龙子凤孙？是落难的爱新觉罗皇族改名换姓避祸人间？"

"不是，我是康达的后人。"

"康达？"我疑惑不解，不知其人其事。其他几位专家对康达却是非常熟悉，纷纷追问缘由。

李会长对我说："你不知道，我们家族跟陶瓷极有渊源。宣统逊

玮瑜说瓷

浅绛彩瓷：是清末民初时景德镇创烧的釉上彩新品种。以一种以浓淡相间的黑色釉上彩料，直接在瓷胎上绘出花纹，再染以淡赭和水绿、草绿、淡矾红、淡蓝及紫色等，经低温烧成的一种特有的低温彩釉。它将中国书画艺术的"三绝"——诗、书、画，在瓷器上表现，使瓷画与传统中国画结合，创造出瓷画的全新面貌。

位后，御窑厂就没有了。当时御窑的良工巧匠眼看就要流散，好在那时'江西瓷业公司'已经成立，由康达主理，延揽了不少御窑厂的工匠，传承和发展了制瓷工艺，为我国制瓷业的现代化作出了不可磨灭的贡献，所以'江西瓷业公司'对景德镇制瓷业的贡献不可抹杀。"

李会长道出缘由："康达是我妈妈的亲外公，我是第四代。祖先为江西瓷业公司呕心沥血，把公司做成当时全国首屈一指的瓷业公司，就是因为家里对瓷业的情怀，所以我对瓷器的钟爱和研究好像与生俱来，是家族遗传。这些年做古陶瓷科学检测、创办东方古陶瓷学会，也算是不忘祖业。没想到会在这见到一件祖上生产的官窑器！既难得又有缘！"

原来有此渊源，百年前的一件旧物，相隔四代，在千里之远的羊城，江西瓷业公司后人与其再次相逢。李会长睹物思人，感怀身世，爱瓷心切，让人动容。家族渊源，薪火相传。

李会长是康家后代，也是景德镇市商品检验检疫局的一局之长，业余时间用心研究御窑瓷器。他曾争取到由国家商检总局专门拨款 5 000 万元，购买一套目前国内最先进的检测设备，用于检测古陶瓷。同时，李会长希

望建立完整的古陶瓷检测数据库，把对古陶瓷的鉴定在传统"目鉴"的基础上，引入科学的鉴定手段。从此以后，我得知江西瓷业公司的主理人名叫康达，而我的良师益友李峰会长则是康家的后代。如果要了解江西瓷业公司的故事，找李会长最合适不过了。

刘新园先生在《收藏》杂志 2004 年第 10 期"景德镇现代陶人录"一文中提到江西瓷业公司为 1910 年（宣统二年）至 1949 年间景德镇最有影响的一所官商合办瓷厂，由祁门人康达主事。

梁基永先生在《中国浅绛彩器》一书中提到：

> 江西瓷业公司存在于 1910 年～1949 年，是官商合办瓷业中最具影响力的一家。公司由同盟会员祁门人康达主持，网罗了许多瓷绘高手进行制作，而浅绛彩艺人的加入使"当代官窑"瓷更是锦上添花，一些清末国礼瓷多由该公司包揽。

郑牟胜、刘杨主编的《景德镇瓷板画精品鉴识》一书中写道：

> 江西瓷业公司与湖南瓷业公司同期成立，都是官商合营机构，成立于宣统二年（1910 年）。最初由张季直，袁秋舫和瑞君华三人发起，官方由冀、鄂、苏、皖、赣五省协办，原定计划集资四十万元，可惜只集得二十余万元，最后聘请祁门贡生康达主持公司业务。

郑鹏主编的《景德镇老城叙事》一书中写道："1909 年，成立了景德镇总商会，徽帮的祁门人康达任第一任会长。"

我没有认真考究过"江西瓷业公司"的历史，但相信李会长所说。一位如此热爱古陶瓷的官员，一定家学渊源，自小受到熏陶。

江西瓷业公司是两千多年窑火薪火相传的重要转折点，虽然现在没有人整理、研究它的历史，但它是中国陶瓷史不可或缺的一页。现在人们追求珠山八友的民国浅绛彩瓷精品，追本溯源，有朝一日，人们会认识到江西瓷业公司早期所烧造的官窑器的价值。

1911 年，辛亥革命推翻了两千多年的帝制，建立共和民国，延绵了两千多年的封建帝制从此退出历史舞台，御窑制度终止。至此，景德镇御窑厂经历了近六个世纪的漫长岁月。皇帝、御窑、御瓷全都落花流水春去也，御窑只堪回首月明中。

这件署有"江西瓷业公司"款识的黄釉瓷盘，是帝制的最后一抹夕阳。从此，黄釉作为皇家专用颜色的年代也走进了历史。这只黄釉盘记录了一个封建王朝从此消逝，见证了一个旧时代落下帷幕，昭示着一个新纪元冉冉而生。从此中华民族挣脱封建枷锁，在经历了迷茫、战乱后，终于找到了民族发展的正确道路，以卓然之姿踏上现代化的道路。

夕阳残照，天地苍茫，御窑的历史就此终结。沉舟侧畔千帆过，历史翻开了新篇章。旧世界的终点，新世界的开端，全在于斯。既是结束，也是开始。这就是此盘的意义，也是明清两代皇帝对黄釉瓷器垄断的休止符。

作为一个黄釉瓷器收藏系列来说，一件署有"江西瓷业公司"款识的黄釉御瓷实物，是该系列完美结局的代表藏品。

萧瑟秋风今又是，换了人间。

玮瑜谈收藏与理财

合上本书，开启收藏之路

 由于篇幅所限，记者尽可能地梳理、摘录了多段冯玮瑜的收藏心得原话，以飨读者："收藏理财，首先保证不购入赝品，以免本金打了水漂。"新手上路，先求"保本"，从经典器型入手，是冯玮瑜对入行新手的告诫与叮嘱。

——摘自徐毅儿：《冯玮瑜：收藏成为我的生活方式》，

《信息时报》，2017 年 8 月 6 日

 黎婉仪：这个前提可能是你对这件藏品或者对这种艺术门类有很深的了解？

 冯玮瑜：我觉得了解是一个过程，一方面自己进入这个领域后，有几个方面可以学习的，比如看好的书，当然我们要看标准书，特别要练自己的眼去看标准器，所以要选好的书来看。如果自己选了某个门类，就找这个门类最好的书去看。然后尽量去请教这些专家。另外，我们还会结识一些优秀的同行，大家可以相互交流、切磋。我们可以从各方面丰富自己，潜移默化，这个学习过程不会太难。

——摘自珠江经济台《黎婉仪·财经访谈一小时》节目之《藏家话收藏》，

FM97.4，2017 年 9 月 11 日（上集）、9 月 18 日（下集）

 拖延是财富的最大敌人，也是滋生不幸的温床。现在，阅读本书的许多读者已经知道，收藏是继股票、房产之后的又一项投资途径，且可能是未来数十年的"财

富风口"，但合上本书，多少人会采纳本书的建议，开启收藏理财之旅呢？

预估未来至少三五年的资金。收藏是一种生活方式，也是价值发现过程。资金大有大的做法，少有少的玩法。即使每年买一件，也可乐在其中。切不可因收藏影响到家庭生活。规划可以用于收藏的资金量，然后量力而行，才是正确的方式。只要持之以恒，慢慢积聚，总会有所成就。我身边就有几位师友的成功例子，例如现在名闻收藏界的大收藏家邓仕勋先生，他的傅抱石作品收藏量是首屈一指的，而且有多件是多次出版注录的精品，他还藏有马远等宋画，他曾送了本《涤砚草堂珍藏画集》给我，亲口告诉我："我只是在加拿大开一个小餐厅，没有多少钱。上世纪七八十年代，古董瓷器很贵，书画不值多少钱，我可以买一些。因为是真心喜欢，就把所有闲钱都用到买字画上。几十年过去了，餐厅还是小餐厅，没想到书画涨了几百倍。"

寻找引路人。打开名片夹、手机通讯录、微信朋友圈等工具，在信息时代，只要你有心，一定会找到收藏圈子的朋友，可以择善而师之，成为你的引路人。首先，引路人可以"传道、授业、解惑"。引路人能够提供许多业内信息，指导你提升鉴赏能力和甄别技术。其次，隔行如隔山，引路人可以帮你走进新领域。如果你愿意把收藏目标、计划告诉引路人，要求反馈与监督，引路人是会提醒你的。如果你愿意设置一些分享投资收益的措施，对方会更有积极性和责任感。最后，多请教引路人，收藏之路会更畅顺，特别是刚开始的时候。引路人也可以成为合作伙伴，通过一段时间的相互了解，在你觉得收藏之路需要合作伙伴时，引路人有可能成为其中之一。

第一次投资收藏艺术品是最折磨人的。《道德经》写道"道生一，一生二，二生三，三生万物"。最困难的是"道生一"这个阶段。闯过此阶段，后面几个阶段就会自然而然地畅顺了。通常而言，人们为了第一件藏品，会付出许多心思和精力。日后，第二件、第三件……随之而来，你仍然要坚守收藏标准。

好的开始意味着成功了一半。收藏理财就从这些简单的行动做起吧！

附录 1：清代康熙浇黄釉宫碗

吕成龙

故宫博物院器物部主任

故宫博物院陶瓷研究所所长

- 藏品：黄釉撇口大碗

- 年代：清康熙（1662 ~ 1722 年）

- 尺寸：高 15 厘米，口径 31.6 厘米，足径 13.9 厘米

- 来源：香港苏富比 2013 年 4 月拍卖，"玫茵堂"专场第 2 号拍品。

碗撇口、深弧腹、圈足。内外均施黄釉，圈足内施白釉。外底署青花
楷体"大清康熙年制"六字三行款，外围青花双圈。

康熙朝浇黄釉瓷器造型见有罐、天鸡壶、提梁壶、长方酒盏托、圆酒盏托、轴头、
炉、碗、盘、杯等。所署本朝款识除了青花楷体"大清康熙年制"六字三行外围青
花双圈外，也有署青花楷体"大清康熙年制"六字双行外围青花双圈或款识外无边
栏者。此种康熙时期景德镇御窑厂烧造的口径 30 厘米以上的内外施浇黄釉大碗，
外底所署款识以青花楷体"大清康熙年制"六字双行款外围青花双圈较为多见，如
沈阳故宫博物院所藏口径 37.7 厘米的康熙内外浇黄釉大碗(沈阳故宫博物院编：《沈
阳故宫博物院院藏文物精华（瓷器卷下）》，万卷出版公司，2008 年，第 88 页图版 8)、
2011 年 6 月 6 日北京保利春季拍卖会拍卖的一件口径 31.5 厘米的康熙内外浇黄釉
大碗(2011 年 6 月 6 日北京保利春季拍卖会之"煕色韶光——明清瓷器萃珍"专场，
第 8094 号拍品)、南京博物院藏口径 37.6 厘米的康熙内外浇黄釉大碗(南京博物院、
香港中文大学文物馆编：《清瓷萃珍》，1995 年，图版 5)、故宫博物院藏口径 37.8
厘米康熙内外浇黄釉大碗（故宫博物院古陶瓷研究中心编：《故宫博物院藏古陶瓷
资料选萃》，紫禁城出版社 2005 年，第 124 页图版 102）等。该碗外底署青花楷体

"大清康熙年制"六字三行款外围青花双圈，颇为少见。

中华民族一向崇拜黄色。黄色被认为是至尊的颜色，明、清时期属于帝后专用色。清代对景德镇御器(窑)厂烧造的里外浇黄釉瓷器的使用有严格规定,除了皇帝、皇后可以享用外，据《国朝宫史》(卷十七)记载，还可专供皇贵妃使用。等级森严，尊卑有别，不得僭越。因此，浇黄釉瓷器是明、清各朝景德镇御窑的必备之作。据清代蓝浦撰《景德镇陶录》记载,清代景德镇浇黄釉的配料系"用牙硝、赭石合成"。

除了日常使用外，与明代一样，清代单色釉瓷器中的祭红、祭蓝、浇黄、填白釉瓷器亦被分别派作祭祀日坛、天坛、地坛、月坛用。如《清代皇朝礼器图式》(卷一"祭器"条)载："钦定祭器，地坛正位用黄色瓷。"特别是这种形体较大的内外浇黄釉碗，日常饮食使用不太方便，应属于当时宫中在坤宁宫举行萨满教祭祀仪式和在地坛举行祭地仪式时盛放祭品的祭器。

此种撇口、深弧腹、圈足碗属于中国古陶瓷中深受人们喜爱的程式化造型，其原型至迟可上溯至北宋汝窑天青釉撇口碗，其后元、明、清各代均有烧造，形体大致相同，细部略有变化。其中明代以正德时期所烧造者各部分比例最协调，达到最佳视觉效果，素有"正德宫碗"之称。清代各朝烧造的宫碗形体基本一致，基本上都接近正德宫碗之形。

此碗造型规整，胎壁较薄，胎质坚致，釉层均匀透彻，釉色纯正，釉面光亮，给人以色泽恬淡之美感。圈足内所施白釉，均匀纯净，白中闪青，釉层肥腴，釉面莹亮，显得异常坚硬，具有康熙白釉的显著特点。特别是该碗不但形体硕大，而且保存完好，故更显弥足珍贵。

附录 2：浇黄釉锥拱缠枝莲纹梅瓶

吕成龙

故宫博物院器物部主任

故宫博物院陶瓷研究所所长

- 藏品：浇黄釉锥拱缠枝莲纹梅瓶

- 年代：清康熙

- 尺寸：高 36.2 厘米

梅瓶圆唇口，短束颈，溜肩，鼓腹，腹以下渐收敛，近底处外撇，圈足。外壁通体施浇黄釉，唇口处、内部和圈足内均施亮青白釉。瓶外壁颈部以下胎体以锥拱缠枝莲纹装饰。外底釉下署青花楷体"大明宣德年制"六字双行仿款，外围青花双圈。

梅瓶是中国陶瓷中传统瓶式之一。其基本形状为小口、短颈、溜肩，鼓腹，腹以下渐收敛，瘦胫。足部微外撇，足底向内旋削，形成圈足，一般称之为"内圈足"。其竖切面轮廓线宛如两条"S"形线条拼合而成，致使其在造型方面给人的视觉感受是形体端庄挺拔，线条柔和流畅，宛如佳人亭亭玉立，给人以古朴典雅之美感。

考"梅瓶"之名，始见于清代。清末寂园叟撰《陶雅》曰："器皿之佳者，曰瓶、曰盂、曰罐、曰盒、曰炉，盘、杯、盘之属至于不可胜记，而以瓶之种族为最多。瓶之佳者，曰观音尊、曰天球、曰饽饽凳、曰胆、曰美人肩、曰棒槌……曰梅瓶……"民国初年许之衡撰《饮流斋说瓷》对梅瓶作了进一步解释，曰："梅瓶，口细而项短，肩极宽博，至胫稍狭折，于足则微丰。口径之小仅与梅之瘦骨相称，故名'梅瓶'也。"

关于梅瓶之得名，说法不一，归纳起来，主要有三种观点：一是附和《饮流斋说瓷》之说法，认为"因口径之小仅与梅之瘦骨相称而得名"（汪庆正主编：《简明陶瓷词典》，上海辞书出版社，1989 年）；二是认为"其名称或与'梅醢'酒有关。

苏轼《答程天侔之二》载:'惠酒绝佳,旧在惠州,以'梅酝'为冠,此又远过之。'"
(陈定荣:《影青瓷说》,紫禁城出版社,1991 年。引文应出自苏轼:《东坡集·续
集七·答程天侔之二》,国家图书馆出版社,2006 年);三是认为"因口径之小只
能插梅枝,故名"(陈文平:《中国古陶瓷鉴赏》,上海科学普及出版社,1990 年)。
笔者赞同第一种观点,因为第二种观点未免牵强附会,第三种观点又过于绝对化。

从梅瓶的造型特征来看,其细小的口和附带的钟形盖,足以表明其最初的用途与
插花无关,而应属于容器。文献记载、传世实物及古代绘画均可证明其最初是被用作
盛酒的容器。北宋赵令畤(1051 ~ 1107 年)《侯鲭录》云:"陶人之为器,有酒经焉。
晋安人盛酒似瓦壶之制,小颈、环口、修腹,受一斗,可以盛酒。凡馈人牲,兼云以
酒器,书云酒一经或二经至五经焉。他境人有游于是邦,不达其义,闻五经至,束
带迎于门,乃知是酒五瓶为五经焉!"(赵令畤:《侯鲭录》,辑入《景印文渊阁四库全书》
第 1037 册,台湾商务印书馆,1985 年)由此可知,宋代人曾称梅瓶为"酒经"。

梅瓶自唐代出现以后,经过各地优秀陶瓷匠师的反复推敲、不断完善,最终才获
得优美的形式,在艺术欣赏上达到很高水平。虽然随着朝代的更替,梅瓶的样式随着
人们审美趣味的变化而有所不同,但这些改变都在一定的程式和规范上,其基本结构
仍大体一致。梅瓶堪称中国古陶瓷中最具规范化的优秀作品,直至今日,陶瓷艺人们
仍在制作梅瓶,充分体现出人们对这一传统造型式样的喜爱。

总体来看,唐代梅瓶造型丰满、宋辽金西夏时期梅瓶造型秀丽、元代梅瓶造型
浑厚、明代永乐宣德时期梅瓶造型端庄,康熙时期的梅瓶则集历代梅瓶造型之大成,
运以新意,既有着重感,又显丰盈秀丽(耿宝昌:《明清瓷器鉴定》(下),中国文物
商店总店,1985 年)。康熙时期景德镇窑烧造的梅瓶品种繁多,见有白地青花、豆青
釉青花、白地釉里红、豆青釉釉里红、青花釉里红、豆青釉青花釉里红、斗彩、五彩、
祭蓝釉、天蓝釉、洒蓝釉、豆青釉、白釉、祭红釉、浇黄釉等,显示出当时人们对
这一造型的喜爱。

此件梅瓶形体较大，口、颈、肩、腹各部分比例协调，轮廓线条流畅，整体给人以端庄稳重、优美大方之美感。外壁所锥拱的缠枝莲纹，舒展大方，布满全身，在黄釉的掩映下，若隐若现，耐人寻味，增添了整体美感。

该梅瓶外底所署青花楷体"大明宣德年制"六字双行外围双圈款，结构松散，双圈过大，且"德"字"心"上有一"横"画，字体亦与真正的宣德年款差别较大。其"大""年""制"等字与康熙年款风格相似。从实物观察可以发现其胎质坚致、缜密似玉，拿在手上明显感觉有沉重感。圈足内所施白釉，白中闪青，肥腴坚硬，分布有鬃眼，符合康熙御窑瓷器"紧皮亮釉"之釉面特点。该梅瓶大小和造型与故宫博物院藏康熙青花岁寒三友图梅瓶基本一致（吕成龙总主编、高晓然主编：《故宫博物院藏品大系——陶瓷编》(21 清顺治、康熙一)，河北教育出版社、故宫出版社，2013 年，图版 84)，与故宫博物院藏康熙郎窑红釉梅瓶的形体比例也基本一致（吕成龙总主编、蔡毅主编：《故宫博物院藏品大系——陶瓷编》(23 清顺治、康熙三)，河北教育出版社、故宫出版社，2013 年，图版 14)。综合以上特点，可以断定该梅瓶系康熙御窑产品。

明代晚期以来，社会上刮起一股收藏明代各朝瓷器之风，致使明代各朝御窑瓷器价格骤增，特别是宣德、成化御窑瓷器价格直逼宋代名窑瓷器，此风至康熙时盛行不衰，致使康熙时期景德镇瓷器盛行仿明代各朝瓷器或流行仿写明代各朝年款。仅康熙浇黄釉瓷器上就见有署青花或锥拱楷体"大明宣德年制""大明弘治年制""大明成化年制""大明嘉靖年制"等仿款，款外围以相应的青花双圈或锥拱双圈。

康熙浇黄釉瓷器造型以盘、碗、罐等较为多见，梅瓶殊为少见，目前见诸报道的康熙浇黄釉梅瓶仅此一件，故弥足珍贵。该梅瓶流传有序，原为玛丽·克拉克·汤姆森（Mary Clark Thompson，1825~1923 年）珍藏，1923 年入藏美国纽约大都会艺术博物馆。著录于《东方陶瓷·世界最伟大的收藏》第 12 卷"纽约大都会艺术博物馆"图版 137（讲谈社，1977 年）。

附录 3：御窑黄釉瓷器的收藏研究

冯玮瑜

摘要：中华陶瓷文化博大精深，御窑黄釉瓷器在中国陶瓷史上也扮演着举足轻重的角色，它作为历史上唯一的、专为最高统治者使用的瓷器，成为明清单色釉瓷器中最为特殊的一个类别，彰显着皇家风范，它的出现也离不开"御用"二字。关于明清御窑黄釉瓷器的前世，我们只能从过去的悠悠历史中窥探一二。而在今天，御窑黄釉瓷器又以其独特的艺术魅力再一次地站在舞台中央，成为人们关注和追捧的对象，我认为它的魅力不仅在于瓷器本身的醇和至美，更离不开其背后的宫廷文化和独特成因背景，吸引人们不断去探究。

近 10 年对御窑黄釉瓷器的系列收藏经历，让我对明清御窑黄釉瓷器有了更加深刻的认识，也使我对它的前世今生更加关注，进而对御窑黄釉瓷器的历史背景、黄釉瓷器的工艺及特色、黄釉瓷器的市场进行分析研究，以期能够使明清御窑黄釉瓷器的收藏过程更加明晰。

一、黄釉产生的历史背景

自古以来，黄色对中国人来说具有极其特殊的意义，也是中华民族的文化心理符号。自盘古开天地、三皇五帝至于今，黄色的象征意义就深植于中华民族传统文化之中，它是中央之色、天子之色、皇家至尊之色。黄釉器正是在这样的历史文化背景下，在中国瓷器中获得了"高贵之至"的地位。

1.1 自古黄色离不开"皇权"

黄色在中国的崇高地位是有其理论依据的，这个理论依据就是中国的"五行学说"。"五行学说"认为天有五行，分别为金、木、水、火、土，分时化育以成万物。

正是由于中华民族的始祖黄帝以土德王于天下，色尚黄，成为中华民族崇尚黄色的原始心理根源。黄色既是皮肤的颜色，也是赖以生存的土地的颜色。谁占有了土地谁就拥有了财富和权力。因此，黄色之于中国人更象征着财富和权力。

从唐朝起，"黄"便开始与皇权挂钩，唐高宗总章元年(668年)，唐代各级官员的服色形成制度，并规定天子着黄袍，其他人不得僭越。因此，至晚从唐高宗总章元年始，对中国人而言黄色即成为代表九五之尊的色彩，也是皇权的象征。在《旧唐书·舆服志》《新唐书·车服志》中都有把赭黄归为皇家专属而禁令士庶穿着的规定。到了明代，据《明史·舆服志》记载，黄色大量出现在天子的车、辇、服饰中，甚至连玄衣裳的礼服制度在明朝都被改为玄衣黄裳。明英宗天顺二年(1458年)再度重申禁令，将黄色服装的禁止范围扩大到皇族以外所有人的身上。

到了清朝，《清史稿·舆服志》中记载天子的大辂皆黄织金椅靠、坐褥、椅裙，黄屋上施金黄绮沥水三层。皇后的仪舆、仪车、凤车皆"縻明黄，……坐具皆明黄缎为之"。皇贵妃与皇后车同，皆明黄色，而贵妃、嫔妃的车舆皆用金黄色。天子朝服色明黄，龙袍用明黄，朝带、朝珠绦用明黄，连雨冠、雨衣、雨裳也皆明黄。《啸亭续录·金黄蟒袍》记载："皇子服金黄蟒袍，诸王特赐者，始许服用"。即贝勒朝服、蟒袍用石青色，除朝带用金黄色，均不得用金黄。

正因为黄色仅限皇族使用，百姓不得僭越，所以古代的御用品大部分以黄色为主。

1.2　黄釉发展的过程

中国陶瓷的历史悠久，而具有特殊身份的黄釉瓷器也历经千年的演变后涅槃。明清之前，黄釉在陶瓷的颜色装饰上既不是主流也不是末流，不过确以其独特的暖色提高了陶瓷的温度，使陶瓷之色不让冷色釉专美。

早期的汉黄釉属釉陶，比瓷器低一等。早期的陶器与瓷器很难区分，直到唐代才泾渭分明。汉黄釉之黄带有褐色，偶见棕红，并不纯正。而正是这种不纯正的黄釉，开启陶瓷黄釉装饰的先河，尽管黄釉数量不大，但在如此早期就已跻身陶瓷色釉的行列，并随着时代进步而继续发展。

直到唐代，出现了低温黄釉和高温黄釉，色泽烧造也更加稳定。低温以唐三彩为主，高温则以安徽淮南寿州窑为典型。此外当时湖南的长沙窑、河北的曲阳窑、河南的郏县窑、密县西关窑、陕西铜官窑、山西的浑源窑均有烧造。虽然当时国内许多窑口都有烧造黄釉，但并没有战胜越窑青瓷而成为主流产品，仅是少量的烧造，而且当时的黄釉与正统的纯黄色还相差甚远。宋元时期，黄釉并没被统治者欣赏，长期停滞不前。宋人崇尚儒雅青白，马背上的元人又喜爱俊逸潇洒的青花，黄釉的一时停滞只是黎明前短暂的等待。随着明清时代的来临，黄釉在宫廷用瓷里以其独特的地位大放异彩。

明代建国初期，百废待兴，洪武一朝，黄釉瓷器已有生产。在景德镇御窑厂旧址曾发现过黄釉瓷器残片，但完整器未见传世。永乐皇帝执政后，景德镇御窑厂气象一新，色釉品种增加了许多。此时窑工们已经能烧造出釉色纯正的黄釉瓷器，并为皇家宫廷所垄断，民间严禁烧造和使用。这以后宣德、成化、弘治、正德、嘉靖、隆庆、万历等各朝，均延续了御用黄釉瓷器的烧造，使之成为了明代皇家用瓷的规范。值得一提的是，弘治时期又烧造出釉色极为精美的"娇黄釉"（又称浇黄釉）品种，成为后世黄釉瓷器难以超越的高峰。

清代御窑厂制度继承了明代御窑厂制度，从顺治朝起，御用黄釉瓷器已开始烧造，在康熙朝更是品种繁多，这其中既有宫廷祭祀用器，又有宫廷陈设和文房用器，还有帝后日常生活用器。

康熙御用黄釉瓷器的生产，一方面为康熙朝宫廷的使用带来极大便利，另一方面也为后代各朝提供仿烧的样本。从现在存世的清宫瓷器来看，康熙朝所制黄釉瓷器造型极大影响了以后各朝瓷器的烧造，从雍正朝直到宣统朝，各朝御用黄釉瓷器

基本是按康熙时期的器物造型而制，康熙朝的黄釉瓷实际是开启了清宫黄釉瓷器风气之先，无论是器物色釉、造型，还是器表纹饰、图案，均成为后代仿烧的样本。

1.3　皇家瓷器应运而生

由皇家设置、管理，专为宫廷烧造御用瓷器的所谓"官窑"，始于宋代，元代在景德镇设立"浮梁瓷局"，为明清官窑制度化管理奠定了基础。在明朝之前，皇帝使用的瓷器，有地方进贡的，有皇家定制的，都可以称为"御用瓷器"。而到了明清时候，就由御窑烧造皇家专用的瓷器。《明会典》卷一九四《工部十四》中"窑冶·陶器"条云："洪武二十六年定，凡烧造供用器皿等物，须定夺样制，计算人工物料。如果数多，起取人匠赴京置窑兴工。或数少，行移饶、处等府烧造。"明代御窑管理制度极其严苛，对产品质量要求极其严格，品质有瑕疵的御窑瓷器宁可就地打碎也不许流入民间。御窑瓷器，理所当然仅供皇家使用，普通民众"弗得一观"。

2014 年 8 月，故宫博物院内部消防管线铺设工程施工时，在南大库区发现了一处成堆掩埋的瓷器碎片数万片，这些碎瓷片之所以在故宫中有如此集中的填埋，考古分析认为，就是因为"皇帝家使用的瓷器，即便是烂了的，也不能外流，必须找地方埋起来。明朝埋在东南角，清朝西南角"。

《通典》注云："黄者，中和美色，黄承天德，最盛淳美，故以尊色为溢也。"黄色是历朝帝王所崇尚的专属颜色，成为权利、尊贵的象征。在明清时期对黄釉瓷器的使用有严格的规定，黄釉瓷器是皇家的专用瓷器，臣民绝对不能僭用，否则即是触犯国法。

黄色是至尊之色，内、外满施黄釉的瓷器叫全黄釉瓷器，在宫内称为"黄器"或"殿器"，是最高等级的瓷器，只有皇帝、皇后、皇太后才能使用，其他妃嫔、皇子及王公贵族均不得擅用全黄釉器，否则以僭越之罪论处。

黄色在皇族内部的使用也是有着相当严格的等级规定的，明黄色只能用于皇帝和皇后，任何人不得僭越。据《国朝宫史》卷一七"经费"条中曾有如下记载：

　　皇太后"黄瓷盘二百五十，各色瓷盘百；黄瓷碟四十五，各色瓷碟
五十；黄瓷碗百，各色瓷碗五十。"

　　皇后"黄瓷盘二百二十，各色瓷盘八十；黄瓷碟四十，各色瓷碟
五十；黄瓷碗百，各色瓷碗五十。"

　　皇贵妃"白里黄瓷盘四，各色瓷盘四十；白里黄瓷碟四十，各色瓷
碟十五；白里黄瓷碗四，各色瓷碗五十。"

　　贵妃"黄地绿龙瓷盘四，各色瓷盘三十；黄地绿龙瓷碟四，各色瓷
碟十；黄地绿龙瓷碗四，各色瓷碗五十。"

　　嫔"蓝地黄龙瓷盘二，各色瓷盘十八；蓝地黄龙瓷碟四，各色瓷碟六；
蓝地黄龙瓷碗四，各色瓷碗四十。"

　　贵人"绿地紫龙瓷盘二，各色瓷盘十；绿地紫龙瓷碟二，各色瓷碟四；
绿地紫龙瓷碗四，各色瓷 碗十八。"

　　常在"绿地红龙瓷盘二，各色瓷盘八；五彩红龙瓷碟二，各色瓷碟四；
五彩红龙瓷碗四，各色瓷 碗十。"

　　这段文献清楚地记录了，除了皇帝、皇后、皇太后可配享全黄釉瓷器，皇贵妃
可用外黄里白瓷器外，其余人等均不得使用黄釉瓷器。此时的黄色已成为帝王之色，
黄釉瓷器顺理成章地成为帝王的御用瓷。

1.4　黄釉用瓷制度森严

　　黄釉瓷是皇家尊严的一种体现，明清时期一直被宫廷垄断，严禁民间使用。《明
英宗实录》记载，正统十一年(1446 年) 时下令："禁江西饶州府私造黄、紫、红、绿、

青、蓝、白地青花瓷器……首犯凌迟处死，籍其家资，丁男充军边卫，知而不以告者，连坐。"其中放在第一位的就是黄釉瓷。法典既明确又严厉。说明自明初以来，色地釉瓷就已经被皇家以法典的形式确定为御用瓷器，尤其是黄釉瓷器，成为各朝例制。

清乾隆七年 (1742 年)，为节省开支，皇帝曾有旨，御窑厂烧造之脚货不必送京，即在本处变价处理。但作为督陶官的唐英认为不妥，于乾隆八年上奏《请定次色瓷器变价之别，以杜民窑冒滥折》："唯是国家分别等威，服务采章，俱有定制……至于黄器及五爪龙等件，尤为无可假借之器，似未便以次色定价，致本处客户伪造僭越，以紊定制……"而乾隆皇帝的谕旨为："黄器如所请行。五爪龙者，外边常有，仍照原议价。"可见皇帝对黄釉器的重视程度超过了对五爪龙纹的重视。到了乾隆二十一年，《清宫档案》中《唐英奏折》记载："乾隆二十一年七月七日，唐英将次色黄器一万一千七十九件及次色祭器一百六十四件开造清册呈交广储司按册查收。"这说明到了乾隆中期，清政府对黄釉瓷的管理更加严格，严禁黄釉瓷流入民间，即使对残次品也要进行严加处理。

民间没有黄釉瓷，除了因为以上的严格规定以外，还有一个重要的原因就是，明清黄釉瓷釉料的配方和烧造工艺属皇家御窑厂秘方被严密控制，民间无法掌握黄釉瓷的工艺、配方。

二、黄釉瓷器的工艺及特色

2.1　黄釉瓷的烧造及工艺

黄釉瓷器烧造是以铁中的赭色为着色剂，制作时先在瓷器素胎上着以釉料，适合厚度为 1 ~ 2 毫米，再放入窑炉中以氧化焰焙烧，其中以 1 200℃ ~ 1 300℃窑温制造的瓷器硬度较高，器表釉质细腻光亮，此为高温黄釉；在素烧坯上施浇黄釉以900℃左右的温度烧造为低温黄釉，其釉面硬度较差，容易剥落。

明代时期，宫廷黄釉瓷器为使黄色纯正，采用先烧造白釉瓷器，再浇黄釉复烧的新品，从而使御用黄釉瓷达到完美的程度。清代，帝后御用黄釉瓷直接承继明代宫廷黄釉瓷工艺，均由皇家官窑烧造，康熙朝黄釉瓷以仿明宣德和弘治器为主。除了以高温直接烧造的黄釉器物外，大多数是二次复烧的黄釉瓷器，即先是烧出各式白釉瓷胎，再于器表浇上一层含适量氧化铁的釉料，入窑以低温复烧，最终得到呈色纯正的低温黄釉器。

清朝黄釉瓷具有鲜明的时代特征，一方面黄釉与瓷胎紧密相连，整器更为牢固，釉层不易剥落；另一方面黄釉表面更加晶莹光亮，通体显得滋润娇嫩，仅仅从色彩上看已经十分尊贵。从现有的传世器物看，清代帝后御用黄釉瓷基本分为两种，一种是一次烧成的高温黄釉瓷，此类器物数量略少，通体呈棕黄颜色，色泽较为暗淡沉厚，但施釉较匀，而且器底部多为满施黄釉。另一种是二次复烧的高档黄釉瓷，此类器物数量较多，且占御用黄釉瓷的绝大多数，这类黄釉瓷通体颜色较淡，表面光亮细腻，色泽明快，器底部均为白釉，除器物表面偶有流釉外，圈足部位常有覆釉现象，即出现黄釉由外足漫过圈足，甚至浸至内足的情况，有明显的二次施釉痕迹，因此验证了清宫黄釉器的复杂工艺。

2.2　明代黄釉瓷器的特点

从现有的史料看，从明代开始方丘祭祀器就使用黄色，从而进一步推动了黄釉瓷器的生产。

据《大明会典》记载："洪武九年定，四郊各陵瓷器，圜丘青色，方丘黄色，日坛赤色，月坛白色，行江西饶州府，如式烧造解。"就目前存世实物所见，瓷器上纯正的黄釉始于永乐一朝。

2017 年 10 月 16 日，在景德镇中国陶瓷博物馆举办的"黄承天德——明清御窑黄釉瓷器珍品展"的展品中，景德镇考古研究所提供的两件出土永乐黄釉瓷器残件，

也是迄今所见明代永乐的黄釉器标本，釉面肥厚滋润，烧造技术已经相当成熟。

宣德黄釉瓷器也多以出土器为多，器型多以碗、盘、高足杯为主。宣德黄釉瓷器施釉到足底，置于桌上不见圈足露胎，釉色娇嫩，素面无纹饰。与此时期的宣德瓷器一样，黄釉表面上多出现桔皮纹。玫茵堂收藏有一件明宣德黄釉仰钟式碗，制作规整，釉色柔美匀净。

成化黄釉也烧造得相当成功，如台北"故宫博物院"所藏娇黄釉盘，底署青花楷体"大明成化年制"六字双行外围双圈款，呈极淡的鸡油黄色，胎质洁白，制作规整。

到了弘治时期，黄釉的釉色更为娇嫩、淡雅、光亮、莹润，达到了低温黄釉历史上的最高水平，弘治黄釉瓷器也是整个明代黄釉烧造最成功之作。其中最著名者为故宫博物院藏弘治黄釉描金双兽耳罐，此黄釉金彩罐是明代宫廷祭祀用器，为弘治一朝独创。弘治黄釉是用浇釉的方法施在瓷胎上的，所以称为"浇黄"，又因为它的釉色娇嫩、淡雅，光亮如鸡油，又称为"娇黄"或"鸡油黄"。娇黄是两次烧成的低温釉，后世多有仿弘治娇黄釉的伪品。

弘治瓷乃至整个明中期的瓷器都有两个特点，第一个特点是底部塌凹，特别是盘碗之类的器物，这一缺陷性特点在后世仿品中很难仿制的成功。第二个特点是弘治器物底足稍矮，底足白釉发灰或泛青色，不可能非常洁白。

正德时期的黄釉瓷器承弘治之作，但不如弘治黄釉那样浅淡柔嫩，显得较深而老。

嘉靖时期的黄釉一般比弘治娇黄釉稍深，釉面似有不平感，但也有极淡的，有的釉面极匀润。器物大多为素面，也有细线刻划纹装饰。以六字青花楷书款识为多。

万历黄釉传世品不多见，所见碗、盘类黄色较深，黄釉之中不够纯净，器物也不够规整，无娇黄之感。

2.3 清代黄釉瓷器的特点

从明代黄釉瓷开始烧造以来，黄釉瓷器的品种就在匠人的创新中不断增加。明代黄釉瓷器虽然已烧造得近乎完美，但黄釉瓷器的品种还不是很多，黄釉瓷器到了清代才有了更大的发展。

清代黄釉瓷在沿袭明代黄釉的基础上逐步发展，并在器形、纹饰上有所创新，黄釉釉色的种类也随之增多，有娇黄、鹅黄、麦芽黄、蜜蜡黄、鸡油黄、蛋黄、粉黄、柠檬黄釉等不同种类。而清代特别是清三代的单色黄釉器器型规整、端重；釉质细腻、莹润、器型优美，给人以富丽之美，可以说清三代的黄釉瓷是黄釉瓷发展史上的又一个高峰。清三代黄釉瓷在烧造上已不满足于仅仿制明代的单色素面黄釉瓷，而是把各种工艺共同运用到黄釉瓷上，此时期的黄釉种类除了明代出现过的单色素面黄釉器和黄釉彩瓷外，还把刻、划、印、雕、塑等工艺也运用到黄釉瓷器上。黄釉瓷器上多以龙凤、蟠螭和花卉等纹饰为主。此外，此时的制瓷工匠们穷尽极工地运用雕、塑等工艺让黄釉瓷的精品在清代层出不穷。清代的黄釉刻、划、印花瓷器是清代的一个创新，市场上有大量传世品，精品不在少数。

清康熙时期，黄釉瓷器仍旧是以仿明宣德和弘治黄釉瓷为主，在器型和工艺上略有创新。从目前流入市场中的康熙黄釉瓷器来看，此时期的黄釉瓷器的器型已不仅局限于明代黄瓷器的传统器型，康熙朝新出现的器型在黄釉瓷中都有出现，大多以素面为主，黄釉以仿明弘治娇黄为多。

清代黄釉瓷器烧造最好、艺术水平最高的当属雍正一朝。雍正黄釉瓷器不仅造型优美、做工精细、胎薄质细，更重要的是此时期在釉色上有所创新，烧造出前所未见的柠檬黄釉。雍正黄釉瓷器总体上看釉色温润晶亮、器型工整、清雅秀气，给人以高贵的感觉，彰显皇家气派。

雍正时期黄釉瓷的釉色有娇黄、蜜蜡黄、柠檬黄釉等，其中柠檬黄釉是雍正朝首创，呈色娇贵粉嫩，美艳动人。柠檬黄釉虽是一种有粉质的乳浊釉，却比浇黄釉更为浅淡，不透明，似柠檬黄色，又名"西洋釉"。器形有鲕瓶、观音尊、莲花形折

腰盆，还有盘、碗、杯、碟等。这种黄釉品种一直延续烧造嘉庆、道光年间。

　　乾隆时期的黄釉瓷器与康熙、雍正两朝相比未见进一步提升，此时期的黄釉瓷器不再追求釉色之美，在单色黄釉创新上并无多大贡献，但以黄釉作底色的黄釉青花瓷器、黄釉粉彩瓷器、黄釉珐琅彩瓷器出现较多。总体上此时期的黄釉瓷器精益求精，给人以华丽繁缛的效果。乾隆之后的黄釉瓷与其他瓷器一样，随着国力的衰弱，黄釉瓷器的质量、品种都不如清三代。

三、黄釉瓷器的市场

　　1980 年，香港举行仇焱之个人收藏专场拍卖。当时拍品中有一件黄地粉彩飞鹤大碗以 23 万港元拍出，而后又以相去不远的价格由香港葛士翘购得。国际著名古董商、收藏界名人英侨李艾琛曾在拍卖目录上给出中英文"高贵之至"（Nobility & Richness）的评语。对于中国瓷器而言，不同时期有不同的时尚与追求，宋代尚青、元代尚白、明代尚红，各个朝代的官窑瓷器都极其精致美观，也不可谓不高贵。然而配得上"高贵之至"评语的唯有黄釉，这就牵涉到民族的深层文化心理积淀。

3.1　近年来黄釉瓷器的市场行情

　　在近几年的艺术品市场中，明清两代的黄釉瓷器价格始终不菲。而单色黄釉瓷中，弘治时期的黄釉瓷器以引人入胜的"娇黄"釉色成为市场追捧的对象，形成了一股不小的投资热潮。据不完全统计，目前上拍的明代黄釉瓷器共有 500 件左右，而弘治时期的黄釉瓷占到了总数量的 25％左右，成交率超过 60％。

　　此外，宣德时期和成化时期的黄釉瓷因市场上少见而价格高扬，也为藏家所追逐。例如 2012 年香港苏富比春拍就曾有一件"玫茵堂"旧藏明宣德黄釉撇口仰钟式碗以 2 698 万港元的高价成交，其莹润的釉色和完美的器型可以称得上是瓷中珍品，在当时一度受到市场上很多人的关注，"玫茵堂"的来源也为其身价递增。而成化御窑黄釉盘更是存世罕见，根据公开发表资料，成化本年款黄釉盘传世仅 20 余件，大小不一，撇口及直口等造型各异，大多由世界各地博物馆珍藏。近 20 年公开拍卖的成化黄釉盘仅有三例：一件为 2010 年 9 月纽约佳士得拍出的成化黄釉直口盘；一件为 2017 年 4 月香港苏富比呈世的茉琳·琵金顿旧藏成化黄釉撇口盘，此外就是 2017 年 10 月香港中汉拍卖推出的明成化娇黄釉撇口盘。

明代嘉靖时期的黄釉瓷器数量相对较多，占明代黄釉瓷器上拍总数量的 40%，其中过百万价格成交的多达 20 余件。明代黄釉瓷在市场中的总量相对来说还是很少的，能现身拍场的更是少之又少，而此类器物身上所具有的艺术价值、历史价值和不平凡的经历给收藏增添了乐趣。

目前清代黄釉瓷上拍近 2 000 件，清三代黄釉瓷更是高价迭出，数量也占据清代黄釉瓷上拍数量的 60% 以上。早在 2004 年，北京华辰秋拍中一件清雍正柠檬黄釉莲形大盘以 286 万元人民币拍出，成为当年国内艺术品市场中成交价最高的单色釉瓷器。

随后在 2006 年，北京翰海春拍中的一件清雍正黄釉夔龙纹尊以 418 万元人民币成交。在 2012 年香港苏富比秋拍上，一件来自于"玫茵堂"的藏品——清乾隆黄釉划花海水云龙图长颈瓶因 938 万港元的成交价轰动一时。这些拍卖纪录已成为对清代黄釉瓷器艺术价值的肯定，但毕竟精品有限，在市场中可遇而不可求，其昂贵的价格对于众多藏家而言更是可望而不可及。

2017 年 4 月香港苏富比春拍特别推出了"清润柔辉：茉琳琵金顿珍藏黄釉御瓷"专场，此专场中的 6 件精品黄釉瓷器悉数成交，总成交额高达 3040.5 万港元。专场中的一件明弘治年间的黄地青花栀子花盘当仁不让，拔得专场头筹，以 1 150 万港元的价格易主；而专场中唯一的一件全黄釉瓷器——成化小盘也以 1 030 万港元跻身千万拍品行列（这件我是竞价至前一口）。

3.2 黄釉瓷器的未来价值回归

在艺术品拍卖市场中，流传有序的黄釉瓷器并不多见，却总能以高价亮相，成交价格并不低，价位高的已达数百万千万元。然而，釉虽然在拍场表现强势，价格不菲，但相对于永宣青花、珐琅彩瓷的价格与价值似乎仍然不太对称。御窑黄釉瓷器是最高等级的单色釉瓷器，特别是全黄釉器，属于品种稀少的瓷类。物以稀为贵，将来还会有更大市场空间。

黄釉青花瓷器是以黄釉作为一种底色使用，而黄釉与青花的结合却十分艳丽，因此引起众多藏家的喜爱和争夺。这些青花黄釉目前在市场上的价格已经非常高昂，比全黄釉瓷器的价格高得多。假以时日，当人们对全黄釉瓷器的认识加深，全黄釉器的价值也一定会被市场所认知和体现。

一件艺术品，不能单看它当下的市场价格而判断其价值。价格是一时的、波动的，但艺术和价值是永恒的。黄釉瓷器目前研究得还不够深入，目前还存在市场错配、价值被低估、价格不能与其价值画上等号等情况。随着人们认识的加深，相信未来的市场表现会逐渐体现其价值。只要是官窑，又是精品，就具备潜力。

3.3 我的黄釉瓷器收藏心得

不同品种的色釉瓷器代表不同的等级，而黄釉瓷器是等级最高的瓷器。

"真、精、稀"是收藏的标准。比如书画收藏，应该挑选那些在中国美术史上留名的画家作品，只要研究中国陶瓷史和明清宫廷的御窑发展史，黄釉都是绕不开的话题，所以在瓷器收藏上，也应该选择御窑名品，例如弘治黄釉瓷器、雍正柠檬黄釉瓷器在中国陶瓷史上赫赫有名。从年代上看，明代永乐款识、宣德款识和成化款识以及清代顺治款都是可遇不可求的。从工艺看，刻工精美也是不错的选择。康熙、雍正、乾隆三朝都精品迭出，一些带有某种寓意纹饰的，如"苍龙教子"之类的题材比较容易获得市场认同。另外，有官款、来源清晰的御用黄釉瓷器不失为一种选择。

藏家要考虑自身的经济实力，坚持走精品原则。另外，流传有序也很关键，御窑黄釉瓷器的存世量本来就稀少，一般贵重的御窑瓷器都有流传记录，尽量少选择没有来历和流传记录的瓷器，最好考虑大拍卖行等渠道，尤以名家收藏专场为佳。除此以外，还要多方查证资料，只有所有证据都确凿无疑，才能入手收藏。切记不存贪念则少受欺骗。

　　收藏已进入理性收藏时代，不能轻信讲故事等一面之词。"捡漏"这个词只是特定历史时期的特定用法，在开放的市场经济和互联网时代，捡漏的可能性越来越少，应以自己的兴趣爱好建立个人的收藏体系。

参考文献：

1. 冯先铭：《中国陶瓷》，上海：上海古籍出版社，2001 年 12 月

2. 中国硅酸盐学会编：《中国陶瓷史》，北京：文物出版社，1982 年 9 月

3. 钱振宗：《清代瓷器鉴赏》，上海：上海科学技术出版社，1994 年 9 月

4. 史树青：《中国艺术品收藏鉴赏百科全书——陶瓷卷》，北京：北京出版社，2005 年 5 月

5.（清）唐英：《唐英集》，辽沈书社，1991 年 10 月

6. 刘伟：《历代宫廷藏瓷》，北京：紫禁城出版社，2005 年 1 月

7. 叶喆民：《中国陶瓷史》，北京：生活·读书·新知三联书店，2006 年 1 月

8. 耿宝昌：《明清瓷器鉴定》，北京：紫禁城出版社，2003 年 10 月

9. 熊廖：《陶瓷美学与中国陶瓷审美的民族特征》，杭州：浙江美术学院出版社，1989 年 11 月

10. 吕成龙：《中国古代颜色釉瓷器》，北京：紫禁城出版社，2004 年 1 月

《|后　记|

　　这是"冯玮瑜亲历收藏系列"丛书的第二本，仅仅在第一本出版发行半年后，第二本也出版了，能以这样快的速度出版，一来是基于读者们要求，他们不停地催问何时能读到我的第二本书，为了不辜负读者们的期望，我只得常常挑灯夜作；二来是由于有中资海派团队的高效工作。

　　我才疏学浅，盈盈翠袖，"怕应羞见，刘郎才气"，只能是努力努力再努力，文责自负，我希望自己的作品以最完美的品质呈现给读者。

　　由于时间紧迫，而我又追求完美，对每篇文章都反复修改、增删数遍，对每个文字、每个标点符号都反复推敲斟酌，在这种情况下，出版社抽调专门人手组成编辑团队，大家不辞劳苦、加班加点，争时间抢速度，才可以高效率地完成这本书的出版发行工作。

　　本书以 10 个黄釉御窑瓷器的入藏故事，继续讲述我与瓷器的缘分，百年家国兴亡，千载文物盛衰，这里每个故事都是我的真实经历。提笔之际，一个个当日的往事仍然历历在目，仿佛都是隔宿之事，清晰如昨。

　　真庆幸遇到这么好的时代，遇到这么好的老师们，才没有虚度光阴。

如今，收藏已成为我的生活方式。

感谢喜欢"冯玮瑜亲历收藏系列"丛书的广大读者，感谢为此书出版发行的深圳市中资海派文化传播公司，感谢所有支持和帮助过我的老师们和朋友们。

我还特别要向一位尊敬的老师表达深深的谢意！

他就是故宫博物院器物部主任、故宫研究院陶瓷研究所所长、故宫博物院研究馆员吕成龙老师。

| 左图：吕成龙改稿手稿；右图：吕成龙（左）与冯玮瑜合影 |

吕老师是国务院特殊津贴的专家，是故宫器物部学术研究的带头人，不但故宫的事情多，连故宫与外地的合作展览、学术研讨会等，吕老师也要协调相关工作，所以无论宫里宫外的事，吕老师都要劳心劳力，忙个不亦乐乎。

除了这些，吕老师每年还花不少精力做学术研究，不停地有学术论文面世，而且一些研讨会、学术杂志的邀稿也让他应接不暇。

在忙得不可开交的情况下，吕老师还专门抽空帮我的拙作审稿，连每个标点符号吕老师都一丝不苟，认认真真地帮我改正过来——真是难能可贵。

2017 年 10 月 15 日晚，也就是"黄承天德——明清御窑黄釉瓷器珍品展"暨"明清御窑研究中际学术研讨会"在景德镇中国陶瓷博物馆隆重开幕的前一天晚上，吕老师提早到达景德镇，晚上他来电话说他到了，我就去拜访他。

吕老师拿出我的《藏富密码》初稿，只见上面每一页都密密麻麻地用红笔作了很多修改，特别是一些涉及学术的词汇，他帮我把关勘定。不仅如此，吕老师对每一页的修改都当面对我做了详细地解释说明，让我明白为什么要这样改。吕老师耳提面命，为我上了一堂有益一生的课。

每当我看到吕老师密密麻麻的修改稿，都会想到当天吕老师的谆谆教导，那时的种种情形一经回味咀嚼，翻转在心头的是一种如此真切的感激与感动。

吕老师为我的拙作付出了多少心血啊！这是一个前辈对晚辈关心和指导！是老师对学生无私的帮助！

吕老师言传身教，诲人不倦，令我受益终身。他的这些修改稿我会珍惜，好好地保存下来，它不仅记录了吕老师对我的真切帮助，更记载了一段真挚师生情谊。

尽管是道谢了又道谢，仍然有一种意犹未尽的感觉。

这些年我经历了无数的人和事，岁月与人事都匆匆地流逝，留下的是静静地沉淀在心头的一份真情，吕老师光风霁月般的胸襟深深地印刻在我的记忆里。

在浮躁的年代，人们容易变得自我膨胀，不太具备知足感恩之心。其实我只是一个平凡的人，一时的所谓成功只不过是刚巧踩对了时代发展的节奏，并不是个人有多大能耐。

在很多关头，若果没有人扶你一把，哪怕只是轻轻的一把，你就很可能过不

了那个关口，达不到所谓成功的高度。吕老师就是那个总在尽自己之力，很乐意

扶他人一把的人。

予人玫瑰，手留余香。

无远弗届。

2017 年 12 月 28 日

"iHappy 书友会"会员申请表

姓　名（以身份证为准）：_____　　性　别：_____

年　龄：_____　　职　业：_____

手机号码：_____　　E-mail：_____

邮寄地址：_____　　邮政编码：_____

微信账号：_____　　（选填）

请严格按上述格式将相关信息发邮件至中资海派"iHappy 书友会"会员服务部。

　　邮　箱：zzhp_marketing6@126.com

　微信联系方式：请扫描二维码或查找 zzhpszpublishing 关注"中资海派图书"

优惠订购	订 阅 人		部　门		单位名称		
	地　　址						
	电　　话				传　真		
	电子邮箱			公司网址		邮　编	
	订购书目						
	付款方式	邮局汇款	中资海派商务管理（深圳）有限公司 中国深圳银湖路中国脑库 A 栋四楼　　　　邮编：518029				
		银行电汇或转账	户　名：中资海派商务管理（深圳）有限公司 开户行：招行深圳科苑支行 账　号：81 5781 4257 1000 1 交通银行卡户名 桂林　　卡　号：622260 1310006 765820				
	附注	1. 请将订阅单连同汇款单影印件传真或邮寄，以凭办理。 2. 订阅单请用正楷填写清楚，以便以最快方式送达。 3. 咨询热线：0755 － 25970306 转 158、168　传　真：0755 － 25970309 转 825 E-mail：szmiss@126.com					

→利用本订购单订购一律享受九折特价优惠。

→团购 30 本以上八五折优惠。